El desarrollo emocional de tu hijo

Rafael Guerrero | Olga Barroso

El desarrollo emocional de tu hijo

Cuentos desde la teoría del apego

Prólogo de Maryorie Dantagnan y Jorge Barudy

EL DESARROLLO EMOCIONAL DE TU HIJO
Cuentos desde la teoría del apego

© 2019, Rafael Guerrero y Olga Barroso

Diseño de portada: Sergi Rucabado
Fotografía de Rafael Guerrero y Olga Barroso: cortesía de los autores

D. R. © 2019, Editorial Océano de México, S.A. de C.V.
Homero 1500 - 402, Col. Polanco
Miguel Hidalgo, 11560, Ciudad de México
info@oceano.com.mx

Primera edición: 2019

ISBN: 978-607-527-986-2

Impreso en México / Printed in Mexico

Índice

Prólogo

Cuando Olga Barroso y Rafael Guerrero, personas queridas y apreciadas por nosotros, autores de este libro, nos invitaron a escribirles el prólogo, sentimos algo así como cuando éramos pequeños y nuestros amigos nos invitaban a festejar un cumpleaños. Por lo tanto, no dudamos ni un momento en aceptar la invitación, imaginándonos que si bien es cierto en este caso se trataba de otro tipo de festejo, ya comenzamos a disfrutar imaginándonos lo que íbamos a encontrar en las numerosas páginas que constituyen esta obra. Como nos ocurrió en otras fiestas, el contenido del libro nos ha hecho entrar en un mundo cargado de sorpresas que fueron provocándonos no sólo placer en su lectura sino también admiración profunda por la creatividad de los autores para organizar una obra útil y hermosa. Su utilidad tiene que ver con la finalidad del proyecto fundamental con que los autores, de una manera decidida, lúdica y amorosa, entregan contenidos teóricos sobre los aspectos más relevantes y actuales para comprender cómo la calidad de las relaciones que los adultos ofrecen a la infancia, incluso desde la vida intrauterina, permiten el desarrollo sano de la mente infantil. Todo esto, ilustrado con cuentos que le explican metafóricamente a las madres, los padres y otros miembros de una familia, así como a los profesionales de la infancia, los diferentes desafíos en el camino del buen trato para que niños y niñas puedan crecer con un apego seguro.

Los capítulos sobre el apego infantil exponen con firmeza y de manera didáctica la importancia de las capacidades de los cuidadores, especialmente las de las mamás, para decodificar los necesidades de sus bebés. Esto, gracias a sus capacidades empáticas y mentalizadoras, de tal manera que desde el nacimiento los bebés se sientan vistos, sentidos con la percepción de un mundo interpersonal suficientemente seguro que les permita desarrollar e internalizar una base firme para la vida, en otras palabras, contar con un apego seguro. Ese apego es lo que más tarde les permitirá afrontar de una manera sana y creativa los desafíos del estrés que conlleva crecer en una relación de vulnerabilidad y dependencia del mundo adulto.

En los primeros capítulos se insiste en la importancia de lo anterior para prevenir que muchos niños tengan que adaptar sus formas de apego a las dificultades de sus madres y padres para sobrevivir emocionalmente, lo que conforma la base de los apegos inseguros, como bien se explica en este volumen, con todo el sufrimiento que ello implica.

Lo creativo de la presente obra es que los autores no sólo exponen teóricamente los riesgos de la no responsividad —término que explican con detalle— de los adultos a las necesidades de los niños, sino que en todo momento proponen, a través de relatos, cuentos e historias que destilan una mirada comprensiva y empática por las dificultades de los progenitores, un modo alternativo y amigable para que los cuidadores, madres y padres comprendan el mundo interior de sus hijos y actúen en consecuencia.

Una de las razones principales que sustentó nuestra decisión de participar en esta obra es la resonancia que en todo momento sentimos con sus autores, al compartir con ellos el mismo propósito: apoyar los esfuerzos de madres y padres u otros cuidadores, entregándoles conocimientos y experiencias para que se sientan reconocidos en sus intentos de entregarle lo mejor de sí mismos a sus hijos. Utilizando diferentes historias, Barroso y Guerrero actualizan una metodología ancestral, a través de la cual quienes sabían más por experiencia y competencia se apoyaban en las historias transmitidas oralmente de generación en generación para compartir las mejores formas de asegurar el desarrollo sano de los pequeños de su comunidad. Adaptando esa modalidad a la vida moderna, los autores de este libro contribuyen acomodando y haciendo realidad ese proverbio ancestral que dice: "Se necesita toda una tribu para asegurar el desarrollo sano de un niño o niña". La cultura dominante basada en el individualismo preconizado por la ideología de mercado, donde el dinero es más importante que las personas, es un obstáculo importante para lograr que ese proverbio sea una realidad para muchos niños, niñas, madres y padres. Por ejemplo, todavía muchas madres deben criar a sus hijos sin el apoyo social y afectivo necesario que requiere la tarea marental.

Por las características descritas, este libro que prologamos significa una forma de subversión creativa por razón de que entrega a las madres, padres y otros cuidadores, a través de explicaciones y cuentos terapéuticos, no sólo informaciones pertinentes sobre las necesidades de la infancia, sino, primordialmente, ejemplos para ilustrar con esperanza que hay otras formas de hacer para apoyar una crianza amorosa centrada en las necesidades infantiles.

Nuestro imaginario nos permite visualizar muchísimos progenitores, principalmente madres, abuelas, tías, vecinas, que históricamente han asegurado los cuidados de la infancia, que se nutrirán de este libro y que sin duda no será una lectura en soledad, sino acompañada por otras que también estarán apoyadas por su contenido. Es posible también imaginar que padres pertenecientes a lo que llamamos *la manada de hombres buenos* también se sumen a esos rituales invisibles.

Por último, queremos expresar nuestro reconocimiento y nuestro agradecimiento a los autores de esta obra porque, por su contenido y diseño, nos permite considerarlos parte de *la revolución neurocientífica* de la que nos consideramos activistas, esto porque los nuevos conocimientos han confirmado lo que empíricamente muchos especialistas, entre ellos nosotros mismos, hemos defendido. En otras palabras, desde hace muchos decenios hemos integrado empíricamente, sin desconocer la importancia de los genes, que lo que modula la organización y el funcionamiento de la mente desde la concepción y durante toda la infancia es la calidad de las relaciones afectivas que los adultos, no solamente los miembros de la familia, ofrecen a los niños.

Es importante señalar que, en relación con el sufrimiento y los traumas infantiles, las investigaciones epigenéticas han puesto en su lugar el papel que desempeñan los genes, al mostrar que también pueden recibir la influencia de los entornos interpersonales tanto en el sentido positivo como en el negativo. Esas influencias pueden ser transmitidas a lo largo de generaciones.

Por esa razón, los malos tratos a la infancia son los factores más mórbidos que los niños y las niñas pueden conocer. Por el contrario, los buenos tratos no sólo aseguran el desarrollo sano y el bienestar infantil, sino también tienen un efecto significativo para aquellos niños que no han tenido la oportunidad de conocer parcial o totalmente las relaciones bientratantes y han sido traumatizados por esto. Es posible, gracias a la plasticidad cerebral, reparar los daños sufridos, ofreciendo una terapia reparadora basada en los buenos tratos y el apoyo de sus recursos resilientes.

En ese sentido, consideramos la obra que prologamos como un instrumento que, además de preventivo, es parte de lo que llamamos la *traumaterapia sistémica infanto-juvenil*.

Con nuestros afectos solidarios y resilientes por Olga Barroso y Rafael Guerrero.

MARYORIE DANTAGNAN   JORGE BARUDY

1

¿Qué es el apego?

INTRODUCCIÓN

Piensa en la siguiente situación. Acabas de llegar al hospital para ver al hijo recién nacido de un familiar. ¿Cuál crees que es la característica más distintiva del ser humano en el momento de nacimiento? Piénsalo bien. Cuando hago esta pregunta, la mayoría de las personas dicen que es la dependencia, pero no es así. La dependencia es consecuencia de esta característica que te invito a que reflexiones. ¿Alguna idea? La inmadurez. El ser humano llega a este planeta siendo cien por ciento inmaduro, lo que le convierte en dependiente. Por lo tanto, somos dependientes porque somos inmaduros. Somos la especie que necesita pasar mayor cantidad de años con nuestros padres hasta alcanzar la madurez y la autonomía.

En el momento del nacimiento, el neonato tiene una serie de necesidades que sus cuidadores principales, que suelen ser los padres, deben cubrir. ¿Qué ocurriría si no atendiéramos esas necesidades del bebé? No sobreviviría por sí solo, puesto que necesita de los demás para hacerlo.

La mejor escuela para aprender a relacionarnos y a gestionar nuestras emociones es, sin lugar a dudas, nuestra familia, nuestros padres. En ocasiones creemos que nuestros hijos no podrán superar o no tendrán suficientes recursos para gestionar una emoción desagradable. Los sobreprotegemos en exceso ante emociones desagradables como la rabia, el miedo o la tristeza. Es nuestra responsabilidad enseñarles a gestionar las emociones desde y con la familia.

Como conclusión a esta breve introducción, podemos decir que, en el caso del ser humano, se hace imprescindible el vínculo emocional o afectivo que establecemos con nuestra descendencia. Sin éste no sería posible la supervivencia. Es por ello que generalmente decimos que lo que nos lleva al equilibrio mental es el buen vínculo con nuestros progenitores o cuidadores principales. También podemos decir lo contrario: lo que nos trastorna o desequilibra emocionalmente es el mal vínculo.

BREVE HISTORIA DEL APEGO

René Spitz (1887-1974) fue un psicoanalista que observó a menores de un año en orfanatos y las consecuencias que los pequeños vivían por su orfandad. Su escaso movimiento, la tristeza y la falta de cariño llamó la atención de Spitz. Muchos de esos niños llegaban a morir. Eran menores atendidos por un personal sanitario cambiante y desbordado. A todas las consecuencias que sufrían los niños de los orfanatos se les denominó *hospitalismo*.

Años más tarde, Harry Harlow (1905-1981) realizó con macacos Rhesus un estudio que por cuestiones éticas hoy en día no se podría llevar a cabo: a los pequeños se les privaba de su madre y se les ofrecían dos madres sustitutas artificiales: una de alambre, que le daba de comer, y una de felpa, que no lo alimentaba pero era agradable al tacto. Harlow demostró que la sensación de protección era básica para la supervivencia del monito e independiente de la alimentación. Años antes los psicoanalistas habían sostenido que la necesidad emocional se cubría gracias a la necesidad de alimentación. Harlow demostró que eran dos necesidades independientes. Vio que los monitos acudían a la madre de alambre sólo para alimentarse y el resto del tiempo preferían estar con la madre de felpa, es decir, escogían sentirse protegidos, sentir que un individuo de su especie estaba ahí cerca y podían refugiarse en él.

A mediados del siglo pasado, John Bowlby (1907-1990) estableció la teoría del apego, la cual, hoy en día, es la corriente más aceptada en psicología del desarrollo. Decía que el bebé nace programado para enamorar a sus padres y, de esa manera, aumenta sus probabilidades de supervivencia. Bowlby fue un médico psicoanalista que nació en Londres en el seno de una familia acomodada. Eran seis hermanos y fue criado por las niñeras, por lo que estuvo muy poco tiempo con sus padres. Alrededor de los 10 años de edad, éstos decidieron enviarlo a un internado, algo que era muy habitual en Inglaterra. Esa relación fría y distante lo marcó tanto personal como profesionalmente, puesto que decidió estudiar las consecuencias de ese tipo de relaciones. Formuló su teoría del apego cuando la Organización de las Naciones Unidas (ONU) le encargó un estudio sobre las consecuencias de la orfandad después de la Segunda Guerra Mundial.

DEFINICIÓN DE APEGO

Existen muchas definiciones sobre la relación o el vínculo de apego, algunas más generales y otras más específicas. En nuestra opinión, una buena definición de apego es la siguiente: es un vínculo afectivo, de fuerte intensidad, bidireccional pero asimétrico, entre el niño y sus padres (o cuidadores principales). ¿Qué quiere decir que es una relación bidireccional pero asimétrica? Que se establece un contacto de tipo emocional entre el niño y su figura de apego (padre y/o madre). De ahí que digamos que la relación es en ambas direcciones, pero asimétrica, o, lo que es lo mismo, una relación vertical. ¿Por qué vertical? Porque el neonato o el niño depende y necesita para sobrevivir y desarrollarse de su figura de apego, pero el padre o la madre no necesitan a su hijo para sobrevivir ni desarrollarse (no deberían necesitarlos para esto último). Es el hijo quien es inmaduro, y, por lo tanto, dependiente, no al revés. Es importante resaltar que los niños se apegan a sus cuidadores (padres), pero los padres no deben apegarse a sus hijos, sino vincularse con ellos. Los niños necesitan de sus padres para sobrevivir, no los padres de sus hijos. Son aquéllos los que deben proteger y cubrir las necesidades de los niños y no al revés.

Como podemos ver en el resto de los mamíferos, el vínculo de apego es una ventaja de seguridad ante los depredadores. Esto quiere decir que para la supervivencia es mejor estar apegado que no apegado. Si existe un vínculo emocional con nuestros cuidadores, esto supone una ventaja evolutiva y de supervivencia.

LA METÁFORA DEL BIDÓN

El ser humano viene a este mundo con gran cantidad de necesidades que han cubrir las figuras de apego. No podemos ni sabemos autocubrírnoslas. Por ello la labor de nuestros cuidadores principales se antoja no sólo importante, sino esencial para la supervivencia del niño.

Uno de mis maestros, el doctor José Luis Marín, presidente de la Sociedad Española de Medicina Psicosomática y Psicoterapia, suele explicar la importancia de cubrir las necesidades de nuestros hijos con la metáfora del bidón. Imaginemos que en el momento del nacimiento el bebé nace con un bidón metafórico, que tiene una capacidad de 100 litros, pero en el momento del nacimiento está completamente vacío. Por lo tanto, nuestra función como figuras de apego de ese chiquitín consiste en ir rellenando su bidón. Sí, pero ¿de qué? De un líquido que vamos a llamar *responsina*. ¿Y eso qué es? Es una sustancia que se parece a la gasolina y que se produce cada vez que somos responsivos con nuestros hijos. Por eso cuanto más responsivos seamos, mayor cantidad de *responsina* tendrá el bidón de nuestros hijos.

¿Imaginas cómo sería el bidón de un niño o un adolescente con los 100 litros de responsina? Los padres han sido capaces de satisfacer todas y cada una de sus necesidades. ¿Lo ves factible? Esto sólo sería posible en caso de que los padres fueran superhéroes, pero no humanos. No hay nadie sobre la faz de la tierra que sea capaz de satisfacer todas las necesidades de sus hijos. Por eso decimos que cuanta más *responsina* mejor, pero conscientes de que nunca llegaremos a rellenar el bidón entero. Mi admirado Donald Winnicott, psicoanalista inglés, solía utilizar un concepto que nos encanta: "padres suficientemente buenos". No es necesario ejercer de Superman, sino que es bastante ser suficientemente buenos en la función de ejercer de padres.

Ahora bien, ¿qué pasa con aquellos niños o adultos que tienen un bidón prácticamente vacío? Pongamos, por ejemplo, con sólo 20 o 30 litros de *responsina*. Son personas que no han tenido padres responsivos y, por lo tanto, no tienen mucha "gasolina" para moverse de manera autónoma por la vida. A menor cantidad de *responsina*, mayor probabilidad de dependencia, incluso en el caso de los adultos.

CUENTO 1. EL FRÍO DEL ALMA

¿Por qué este cuento?

Como has leído en este primer capítulo, las crías humanas nacen profundamente inmaduras, por lo que son totalmente dependientes de otra persona —o personas— que pueda cuidarlas. Esas personas serán las responsables no sólo de que el bebé siga con vida, sino, también, de que desarrolle y adquiera todas las capacidades que lo conviertan en adulto. Habitualmente, esas personas son nuestra madre y nuestro padre.

Esta inmensa dependencia hace que el bebé necesite intensamente a su figura de apego. El bebé, por supuesto, requiere ser alimentado, hidratado, protegido del calor y del frío, de las enfermedades, de los peligros, etcétera. Pero es tal su inmadurez, son tantas sus necesidades particulares que, aunque necesite que se le dé de comer, que se le hidrate o que se le proteja del frío, lo que verdaderamente necesita es que haya, al menos, una persona pendiente de él, preocupada sensiblemente por él y dispuesta a satisfacer eficientemente las necesidades particulares que se le presenten a cada momento.

Por tanto, como ya estableció Bowlby, la necesidad principal, constitutiva, de un bebé es sentir que otra persona está disponible permanentemente para él. Que existe alguien para quien es importante, tanto que no puede dejar de cuidarlo. Alguien a quien está unido emocionalmente con mucha fuerza y que, del mismo modo, está unido con mucha fuerza a él. Esto no es sino el vínculo de apego. Es decir, la necesidad básica de los bebés es sentir que tienen un vínculo de apego, una unión afectiva fuerte con sus figuras (protectoras, más sabias y capaces que él) de cuidado y, por lo tanto, parte de esa necesidad básica será construir tal vínculo.

Por este motivo, los bebés que estudió René Spitz estaban profundamente insanos, porque, aunque los alimentaban, hidrataban y protegían del frío y del calor así como de las enfermedades, etcétera, no habían podido construir una unión afectiva con nadie, ni nadie con ellos: eran atendidos por multitud de profesionales cambiantes sin contar especialmente con uno permanente y consistente para ellos. Estos bebés no habían podido apegarse a nadie y, por lo mismo, no se había satisfecho su necesidad principal, hecho que los dejaba profundamente enfermos física y emocionalmente.

Hemos creado este cuento para mostrar que construir ese vínculo de apego es la necesidad fundamental de nuestros bebés (bebés unicornios en el cuento) y cómo si esa necesidad no es adecuadamente cubierta, los niños no se desarrollarán sanamente y, muy probablemente, tendrán problemas emocionales en la edad adulta. Con él hemos querido explicar cómo esa relación entre el bebé y sus figuras de apego es su contexto de desarrollo, fundamentalmente en el primer año de vida, pero extensible aun hasta casi los tres.

Hemos querido explicar que esa necesidad constitutiva de las crías humanas está determinada por la inmensa inmadurez con la que nacen y, por lo tanto, por la enorme necesidad de estimulación y cuidado adecuados de un otro para que su cerebro se desarrolle y lo haga bien.

¿Para qué este cuento?

En ocasiones puede resultarnos difícil comprender el alcance de esa necesidad constitutiva y principal del ser humano que, como analizamos, es construir un vínculo de apego seguro con al menos una figura de apego.

El que el bebé sienta que cuenta con esa figura de apego sensible, permanente, responsiva, disponible para él lo hará sentir que tiene cubierta su necesidad fundamental y, por ello, lo hará sentirse seguro. Lo contrario: que el bebé no sienta que tiene una figura de apego disponible, que no pueda construir un vínculo suficientemente fuerte y seguro, según han demostrado implacablemente las investigaciones en neurociencia, inundará de estrés su cerebro. El cerebro del bebé, por un lado, experimentará un terrible dolor y malestar y, por el otro, carecerá de la estimulación necesaria para desarrollar todas las conexiones neuronales que suponen el soporte físico de las capacidades mentales. Por ese motivo los bebés que tanto Spitz como Bowlby estudiaron estaban profundamente dañados psíquicamente. Como sucede en nuestro cuento con los unicornios que son cuidados por zopilotes.

Con este cuento queremos resaltar la importancia de hacerle sentir al bebé, con la suficiente calidad, con la suficiente seguridad, que estamos ahí para él o ella. Esto va a requerir atender sus necesidades, todas, además de cubrir la principal: que sientan que quien realiza esa tarea es permanente, sensible, responsivo y está disponible.

Con el cuento hemos querido explicar, asimismo, que para conseguir este objetivo que supone que el bebé sienta que tiene al menos una figura de apego (siempre la misma) para quien es importante, es imprescindible ajustarnos a las capacidades que tienen los bebés, que no son las capacidades adultas, que aún distan mucho de éstas.

¿Qué les pedimos que piensen con este cuento?

Les pedimos que piensen si alguna vez han sido zopilotes cuidando de unicornios; esto lo entenderán a la perfección cuando lean el cuento.

Es decir, si alguna vez has tratado o pensado en tus bebés dando por hecho que tenían capacidades que aún no habían desarrollado, les pedimos que reflexionen sobre estos temas:

- ¿Consigues hacer que tu bebé sienta que estás ahí disponible para él con seguridad?
- ¿Cómo se puede hacer sentir a un bebé que estamos disponibles para él, cuando aún no ve bien, y a lo mejor no nos percibe bien, cuando no sabe que seguimos existiendo aunque no nos vea porque estamos, por ejemplo, en otra habitación?
- ¿Alguna vez has tenido alguna actuación con tu bebé (desde la buena intención) pero que, por las características de los bebés, no le hizo sentir que estabas ahí para él, creando, por lo tanto, cierto estrés en él y sensaciones (puntuales) de no seguridad en el vínculo? Calma: esto nos ha pasado a todos, lo importante es que sea una parte minoritaria del tiempo y de las experiencias con nuestro bebé, puesto que, como también hemos dicho, ningún padre ni madre es perfecto, ni tiene que serlo para criar a hijos sanos, siempre que sea "suficientemente bueno".

Los invitamos, entonces, a pensar en los bebés humanos de la mano de zopilotes, panteras, colibríes, ocelotes y, especialmente, unicornios. ¿Vienen a este viaje para adentrarnos en las características de los bebés y de sus necesidades?

FRÍO EN EL ALMA

Las majestuosas puertas del castillo del viejo sabio Ocelote se abrieron para permitir que la Reina Pantera y el Rey Zopilote entraran en la sala en la que les esperaba. El Rey Zopilote le había pedido ayuda al sabio hacía ya un año. Hoy, al fin, éste lo había convocado, junto con la Reina Pantera, para dársela. El motivo de su petición de ayuda había sido que, en el Reino de los Zopilotes, sus unicornios no crecían sanos. En el Reino de las Panteras, por el contrario, los bebés unicornio se convertían en magníficos individuos adultos sanos y fuertes.

Hacía muchas lunas los dioses mayas habían decidido, dada la capacidad de ambos reinos de convivir en paz, ofrendarles con un singular regalo: una camada de unicornios. A éstos se les consideraba seres mágicos y talismán de la buena suerte y los buenos amores, por lo que, cuando el Rey Zopilote y la Reina Pantera recibieron, una noche de verano, cada uno en su reino, a cuatro potrillos blancos con la frente acabada en un cuerno dorado, no pudieron experimentar mayor alegría. Se sintieron bendecidos con una gran protección. Sin embargo, poco duró la alegría en el Reino de los Zopilotes. No alcanzaban a comprender por qué, pero los unicornios en ese reino nunca habían conseguido estar bien. En su infancia y juventud mostraban un comportamiento normal; sin embargo, al convertirse en adultos empezaban a tener problemas, a alejarse de ser pacíficas y sociables criaturas, mientras que los unicornios del Reino de las Panteras seguían mostrando su radiante felicidad basada en una gran seguridad en sí mismos.

Los hospitales veterinarios del Reino Zopilote se habían saturado al tener que atender dolencias inespecíficas de muchos unicornios. Aunque aparentemente estaban sanos, presentaban dolores, inflamaciones, malas digestiones, cuadros y síndromes que los etólogos denominaban *psicosomáticos*. Cada vez había más unicornios tristes, incluso deprimidos, con ansiedad, con sensación de vacío y sin encontrar sentido a sus vidas. También padecían notables problemas de relación e interacción. Algunos abusaban y rechazaban a otros unicornios, generalmente a los que eran en algo diferentes. Otros incluso se portaban mal con sus parejas o con sus crías.

El sabio Ocelote los saludó con amabilidad y con la serenidad de quien ha encontrado profundas certezas. Los invitó a sentarse y comenzó a explicarles.

—Sé que ha pasado mucho tiempo desde que me pediste ayuda, querido Rey de los Zopilotes, pero éste era un asunto lo suficientemente importante como para analizarlo con calma —dijo con serenidad el sabio.

—Espero con avidez conocer tus conclusiones y poder ponerlas en práctica lo antes posible para recuperar la salud de mis unicornios.

—En realidad creo que ustedes tienen el conocimiento, así que voy a intentar que entre los tres consigamos que salga a la luz —le respondió el sabio—. Rey Zopilote, ¿puedes contarnos cómo son tus polluelos al nacer y cómo van desarrollándose? —prosiguió.

—¿Nuestros polluelos? ¿Tiene esto algo que ver con los problemas de nuestros unicornios? —preguntó sorprendido.

—Tiene todo que ver. Cuéntanoslo, por favor, y podrás ir averiguándolo por ti mismo —perseveró el sabio Ocelote.

—De acuerdo, te lo explicaré. El primer día de vida de nuestros polluelos es muy difícil para ellos, puesto que nacen indefensos, tienen los ojos abiertos desde el nacimiento y bastante plumón cubriendo su cuerpo, pero ese primer día no pueden percibir ni hacer prácticamente nada. En su segundo día ya pueden ver, son capaces de pedir comida y están alerta ante todo lo que sucede a su alrededor. En su tercer día comienzan a picotear, pueden comer el grano que les dejamos a su lado, ya no necesitan que les metamos la comida dentro del pico. Incluso pueden lavarse por sí mismos. Alrededor de los dos meses de vida, todos los zopilotes han conseguido caminar y salen a explorar por los alrededores de nuestros nidos. Y a los tres, sucede la magia y comienzan a volar.

—Y ¿cómo los cuidan? —preguntó el sabio Ocelote.

—Pues el primer día estamos a su lado todo el tiempo, a ratos los metemos entre nuestras plumas para que nos sientan y se sepan protegidos. Pero ya a partir del segundo día nos alejamos de ellos para que aprendan a valerse por sí mismos. Estamos pendientes de ellos, los vigilamos, pero desde lejos para que no se den cuenta de que estamos.

—Reina Pantera, ¿puedes, ahora tú, contarnos cómo son sus cachorritos al nacer, cómo van desarrollándose y cómo los cuidan? —pidió el sabio.

—Creo que nuestras crías felinas son bien diferentes. Nuestros cachorros nacen ciegos, tardan varias semanas en poder abrir los ojos y meses en poder ver con nitidez. Necesitan un año para aprender todos los movimientos de una pantera adulta. No pueden valerse por sí mismos sino hasta que tienen tres años. Durante ese tiempo necesitan que los alimentemos, que vigilemos por ellos el trozo de selva en el que están para alejarlos de peligros que ellos aún no perciben, que les enseñemos a cazar, a lavarse, que les indiquemos los lugares en los que pueden beber y en los que no, a distinguir entre la hierba que sirve para purgarse y la venenosa. Nos necesitan tanto que, por encima de todo, lo que verdaderamente demandan es saber que estamos ahí a su lado, totalmente disponibles para traerles comida si tienen hambre, para socorrerlos si se caen y no se pueden levantar, para enseñarles lo que, de repente, al darse cuenta de que no conocen, les da miedo. Por todo esto, criamos a nuestros cachorros estando todo el tiempo a su lado y, lo más importante, haciéndoles sentir que estamos a su lado. En el primer año esto requiere mucho trabajo porque hay unos primeros meses en los que no ven, por lo que tenemos que hacerles sentir que estamos a su lado acariciándolos mucho. Cuando ya ven, los siguientes diez meses su cerebro inmaduro no puede comprender que si nos vamos seguimos existiendo y seguimos dedicados a su cuidado, por lo que no podemos separarnos de ellos durante mucho tiempo. Y en los siguientes dos años, los felinos que hayan cuidado a su cachorrito tienen que seguir siendo quienes los cuiden y enseñen, puesto que los cachorros se unen a sus cuidadores emocionalmente de una manera muy fuerte durante ese primer año, los quieren muchísimo. Esto los lleva a sufrir un gran dolor si no sienten que sus primeras figuras de cuidado están disponibles para ellos, para seguir cuidándolos, enseñándolos y acompañándolos la mayor parte del tiempo.

—Ahora respóndame ambos una pregunta: ¿han cuidado a los unicornios de la misma manera en que cuidan a sus propios hijos?

—Sí, claro —respondieron al unísono.

—Veo que en los dos reinos han puesto el mismo amor y preocupación por el cuidado de los unicornios. Pero en cada reino lo han hecho de un modo muy distinto, y claramente se comprueba que uno de ellos no es el adecuado.

—¿En nuestro reino no cuidamos bien a los unicornios, viejo sabio, a pesar de cuidarlos del mismo modo y con el mismo amor que a nuestros hijos? —preguntó algo molesto el Rey Zopilote.

—Así es.

—Pero ¿por qué lo adecuado para nuestros polluelos no lo es para los unicornios?

—Porque, aquí llegan las certezas, los unicornios no se parecen en nada a las aves. Esto es lo que he aprendido bien durante todo este año de investigación. Los unicornios nacen como los felinos, profundamente inmaduros, no pueden satisfacer sus necesidades por sí mismos. Necesitan mucho tiempo para desarrollar las capacidades que, finalmente, les permitirán cuidar de sí mismos, cubrirse sus propias necesidades.

—Pero, sabio Ocelote, si los unicornios son los animales más especiales de todo nuestro mundo, ¿cómo es posible que nazcan más inmaduros que los polluelos zopilotes?

—Precisamente son especiales por esa inmadurez. Gracias a nacer tan inmaduros, pueden aprender posteriormente aquello que exista en el reino en el que les toque vivir. Son máquinas de aprendizaje perfectas. Pero para que el aprendizaje sea infinito es necesario nacer casi en blanco. A que si un zopilote naciera en un estanque de ranas no podría aprender a nadar —apostó el sabio.

—No, no podría —respondió el Rey Zopilote negando con la cabeza.

—Sin embargo, pensemos qué pasó con los unicornios que fueron regalados al reino de los colibríes, ¿lo recuerdan?

—Sí, sí, esos unicornios, cuando se hicieron adultos, construyeron unas alas que adaptaron a su cuerpo y pudieron volar. Se les llamó unicornios Pegaso —dijo la Reina Pantera.

—Pero a esos unicornios los cuidaron aves como nosotros y criaron unicornios sanos —replicó el Rey Zopilote.

—Claro, esos unicornios fueron, efectivamente, cuidados por aves, pero no los criaron como si los unicornios fueran aves. Ésta es otra de las cosas que estudié. Los colibríes me explicaron que ellos averiguaron algo fundamental para cuidar bien a sus unicornios. Descubrieron que, a pesar de dar de comer al unicornio bebé, mantenerlo calentito, fresquito en verano, y protegido de las enfermedades y de los peligros, si no se conseguía hacer sentir a los unicornios que había, al menos, un colibrí disponible para él, para cuidarlo, a pesar, pues, de tener el resto de necesidades cubiertas, los unicornios empezaban a sentir algo que ellos denominan *frío emocional*.

—¿Frío emocional?, ¿frío a pesar de estar abrigados? —preguntó extrañado el Rey Zopilote.

—Sí, es un frío distinto, que puedes sentir aunque lleves ropa de abrigo. Es un frío que nace del alma, que se extiende por el cuerpo, y que no hay tejido que lo haga desaparecer. Sólo se quita sintiendo que otro está para ti, que eres para alguien lo más importante del mundo y que los brazos, alas o patas de ese individuo son un lugar que siempre te espera.

—Pero nosotros estamos así para nuestros unicornios —replicó el Rey Zopilote.

—Ya, pero ¿se lo hacen sentir?, ¿se lo demuestran?, ¿ellos pueden saberlo?

—No, no permitimos que lo sepan, porque si lo saben, nos pedirán ayuda en lugar de resolver por ellos mismos lo que necesitan y frenaremos su crecimiento.

—Ahí está el problema. Esto funciona fenomenal para sus polluelos, pero las crías de unicornio son totalmente distintas. Precisamente, si ellas no lo sienten empezarán a sentir frío en el alma. Ese frío invisible que se extiende por todo el cuerpo, que se filtra por su cerebro, por su corazón, por sus pulmones, que impedirá que se desarrollen bien. Y, por eso, al llegar a la edad adulta tendrán problemas, porque todo su cuerpo estuvo intoxicado por el frío del alma que impidió que sus órganos crecieran bien. Si alguien se siente mal, se desarrollará mal y después se comportará mal.

El Rey Zopilote, arrepentido por no haber podido conocer esto antes, pero ilusionado por, al fin, conocer qué hacer para solucionar los problemas de sus unicornios, arrancó todas las piedras preciosas de su corona, se las entregó al sabio Ocelote en agradecimiento y salió volando por la ventana directo a su reino, firmemente decidido a acabar, de una vez por todas, con el frío emocional.

2

Los estilos de apego

INTRODUCCIÓN

Los estudios científicos llegan a la conclusión de que la relación de apego es algo que se forja poco a poco y en interacción con las figuras vinculares. ¿En qué momento podemos decir que comienza un vínculo de apego? Desde el periodo prenatal se va gestando —nunca mejor dicho— una relación íntima y especial entre el embrión y la madre. ¿Acaso es indiferente para el futuro bebé cómo la madre le habla y cómo acaricia su vientre? Evidentemente, todas estas señales y acciones, tanto verbales como no verbales, son mensajes que el embrión está recibiendo y que servirán como base del estilo de apego. No es lo mismo que la madre esté ilusionada ante el nacimiento de su futuro hijo y su contexto sea de paz y tranquilidad que todo lo contario. Por ello la situación familiar, laboral y social en la que están inmersas las madres es ya, de por sí, un factor de protección o de riesgo para el niño.

En función de la manera de la madre de relacionarse, vincularse y atender las necesidades de su hijo se desarrollará un estilo de apego u otro. Se considera que es alrededor de los siete u ocho meses cuando el vínculo de apego está establecido. A continuación describiremos las características básicas de cada uno de los apegos existentes: seguro, evitativo, ansioso-ambivalente y desorganizado.

SEGURO · EVITATIVO · ANSIOSO-AMBIVALENTE · DESORGANIZADO

APEGO SEGURO

Estadísticamente hablando, el apego seguro se da en 60% de la población, lo que quiere decir que tres de cada cinco niños o adultos lo tienen. Podríamos resumir en tres las características básicas de los padres que fomentan un apego seguro en sus hijos:

1. *Disponibilidad*: los padres de los niños con apego seguro están física y psíquicamente disponibles para sus hijos. Ellos son su prioridad y así se lo hacen ver.
2. *Sintonización*: conectan con las necesidades de sus hijos. Son empáticos y sintonizan con ellos para entender y atender sus necesidades.
3. *Responsividad*: en último lugar, los padres con apego seguro dan a sus hijos aquello que necesitan. La responsividad implica cubrir las necesidades del otro. Es por ello que estos padres potencian y refuerzan los estados emocionales agradables de sus hijos así como reducen emociones como el miedo, la tristeza, la rabia, etcétera.

Mary Ainsworth, discípula de John Bowlby, decía que el apego seguro es el equilibrio flexible entre la protección/seguridad y el fomento de la autonomía del niño.

VINCULACIÓN
PROTECCIÓN

APEGO
SEGURO

AUTONOMÍA
EXPLORACIÓN

Si somos capaces de proteger a nuestros hijos cuando así lo precisan y de fomentar su curiosidad y exploración, vamos por buen camino. Claro está que en la infancia, cuando los niños son pequeños, es más necesario y prioritario cuidar la vinculación, la conexión con el niño y su protección, y, a medida que va creciendo, adquieren mayor relevancia la autonomía y la satisfacción de la curiosidad.

Los padres que desarrollan un vínculo seguro con sus hijos son sensibles a sus necesidades, empáticos y les aportan aquello que necesitan. Cuando lloran acuden a protegerlos y consolarlos, además de ser figuras que tienen la capacidad de calmar la emoción desagradable que están experimentado (miedo, rabia o tristeza). El apego seguro genera niños capaces de reflexionar ante la experiencia y aporta seguridad.

APEGO EVITATIVO

Los niños con un estilo de apego evitativo tienden a negar o ignorar sus emociones, no mostrando señales externas de necesidad. ¿Por qué esto es así? El motivo es que sus padres no han atendido sus necesidades de tipo emocional, por lo que entendieron, de manera inconsciente, que no había que expresarlas. Estos niños tienen "desactivadas" sus emociones. No les prestan atención porque nadie les enseñó para qué servían y qué significado tenía sentir miedo, alegría o enojo. A estos niños se les suele describir como muy independientes y con pocas relaciones íntimas, o incluso ninguna, ya que no saben manejar la intimidad ni la emoción. Estos niños se protegen minimizando o inhibiendo sus necesidades emocionales.

Si, previamente, cuando hablábamos del apego seguro, decíamos que existen dos características básicas: intimidad y autonomía, en el caso de los niños y adolescentes con un apego evitativo vemos que lo que está comprometido es la intimidad. Son niños que han aprendido a vivir sin vincularse con los demás y a sacar ellos mismos las castañas del fuego. Suelen ser niños muy controladores con sus amigos, motivo por el cual pueden ser rechazados.

¿Qué características tienen los padres de niños con un estilo de apego evitativo? Podríamos resumirlas en tres:

1. Padres con grados bajos de sintonización emocional, ya que les cuesta entender las emociones que experimentan sus hijos.
2. Padres cuyo discurso lingüístico es independiente de las emociones que experimentan los niños y que expresan con sus caras.
3. Padres que utilizan más el hemisferio izquierdo (racional, analítico, lingüístico, etcétera) que el derecho (artístico, emocional,

etcétera). Por ello los padres evitativos fomentan el ámbito académico, los idiomas, la música, el deporte, etcétera.

Los niños con apego evitativo tienen cierto control sobre la atención que les prestan sus padres, puesto que saben cómo vincularse con ellos y tienen la llave para que éstos estén contentos. Saben que, si hablan de temas racionales (estudios, deporte, idiomas, etcétera) y descartan su mundo emocional, van a poder tener una conversación fluida con sus padres y evitarán el conflicto con ellos. Saben que no deben atender a sus emociones.

Podríamos resumir el apego evitativo con el siguiente lema: "la mejor manera que tengo de asegurarme el cuidado de mis padres es no mostrarme necesitado, no pedir cariño y no mostrar mi ansiedad".

APEGO ANSIOSO-AMBIVALENTE

El niño con un apego ansioso-ambivalente suele recibir de sus padres, o de sus figuras de apego principales, respuestas variables, caóticas e inconsistentes, es decir, no sabe muy bien a qué atenerse. Por este motivo, el niño manifiesta altos niveles de angustia y ansiedad, puesto que sus padres no tienen una manera predecible y coherente de actuar. Si antes decíamos que el padre evitativo activa su hemisferio izquierdo, en el apego ansioso-ambivalente hay una mayor utilización del hemisferio derecho (emocional).

En ocasiones a estos niños se les etiqueta como "pegajosos" y "pesados", puesto que suelen ser muy insistentes en aquellas cosas que necesitan, pero que no siempre reciben de sus figuras de apego principales. La insistencia es un método de supervivencia muy efectivo en los niños con apego ansioso-ambivalente. Fruto de ello, tienen una hiperactivación del sistema de apego, ya que se perciben constantemente en peligro. Sus amígdalas cerebrales (en el capítulo 6 veremos dónde se ubican anatómicamente) están constantemente hiperactivadas. Lo que se compromete en este tipo de apego es la autonomía y la satisfacción de la curiosidad. El niño tiene, por un lado, mucha protección y vinculación por parte de sus padres, en exceso en algunos casos (sobreprotección), pero, por el otro lado, una ausencia de la autonomía y exploración. Por lo tanto, se compromete la autonomía del niño a cambio de su seguridad y protección.

El lema que tiene el niño con un apego ansioso-ambivalente es el siguiente: "hoy no sé si obtendré aquello que necesito".

APEGO DESORGANIZADO

El apego desorganizado, también llamado *apego desorientado*, se da en de 5 a 10% de la población. Se le conoce como *apego desorientado* porque la figura de apego, además de ser fuente de cuidado y protección, en otras ocasiones es fuente de terror y peligro. El ser humano no está preparado para entender que una misma persona (madre, padre, abuelo, etcétera) pueda ser fuente de protección y, a la vez, de inseguridad. Esto provoca en el niño mucho caos e inseguridad. Los padres de los niños con apego desorganizado tienen grandes dificultades, trastornos psiquiátricos, historias de trauma, provienen de familias desestructuradas, etcétera.

Los niños con apego desorganizado reciben un mandato que resulta ser paradójico: "ven y aléjate". No es posible que la emoción de miedo pueda regularla la misma persona que causa ese miedo. En ese caso estamos hablado de padres y madres negligentes, abusadores, maltratadores, con conductas adictivas, con trastornos psiquiátricos como la esquizofrenia, trastorno bipolar, trastorno límite de la personalidad, etcétera. Suelen ser niños que, como consecuencia de esta forma de relación, tienen detrás una larga historia de trauma que habrá que trabajar para alcanzar un correcto equilibrio.

Los padres desorganizados no tienen un patrón estable de relación con sus hijos ni con las demás personas. Son negligentes, no son capaces de sintonizar con sus emociones, motivo por el cual no son responsivos, es decir, no les otorgan a sus hijos aquellas cosas que son necesarias para un correcto equilibrio psíquico. Desgraciadamente, no comprenden a sus hijos ni las diferentes situaciones por las que pasan, no saben de reconocimiento de emociones ni de regulación emocional. Por este motivo, no son capaces de cuidar a sus hijos de manera sana y equilibrada.

El lema que tiene un niño con un apego desorganizado será algo parecido a esto: "si aquellas personas de las que dependo (mis padres) son una fuente de temor y ansiedad, estoy perdido. Tengo que valerme de mí mismo como buenamente pueda". Las consecuencias de este tipo de apego pueden ser muy limitantes: dificultades en la regulación de las emociones, problemas sociales, dificultades para concentrarse en el colegio, conductas disruptivas y amenazantes, síntomas disociativos, mayor probabilidad de desarrollar un trastorno de estrés postraumático, etcétera.

CUENTO 2. LOS TRES CERDITOS Y LOS TRES TIPOS DE HOGARES EMOCIONALES

¿Por qué este cuento?

En este capítulo les hemos presentado y descrito la clasificación de los estilos de apego que podemos encontrar en los niños. Con el cuento de este capítulo queremos profundizar un poco más en el comportamiento concreto de padres y madres que deriva en que sus hijos desarrollen uno u otro estilo de apego. También queremos que este cuento sirva para mostrar cómo si la relación con nuestras figuras de apego en la infancia nos llevó a forjar un apego inseguro —evitativo o ansioso-ambivalente— y no tenemos una experiencia afectiva reparadora, en la etapa adulta tendremos muchos problemas cuando nos toque enfrentar las dificultades (los lobos) que, de un tipo u otro, todos vamos a encontrar en la vida. Si los niños y niñas desarrollan un estilo de apego inseguro, al carecer del suficiente buen trato por parte de sus figuras de apego para lograr un estilo seguro, pero consiguen construir un vínculo afectivo con otras personas que sirva para vencer la inseguridad relacional, eventualmente adquirirán un estilo de apego seguro.

Pero volvamos a los lobos: del mismo modo que es radicalmente diferente el comportamiento de unos padres que generan un estilo de apego inseguro ansioso-ambivalente del comportamiento de aquellos que generan un estilo de apego inseguro evitativo, también son diferentes las dificultades de enfrentamiento, ante los problemas de la vida, que tendrá una persona adulta que haya adquirido un apego ansioso-ambivalente de las que tendrá una persona adulta que haya adquirido un apego evitativo.

Nos parecía especialmente relevante, asimismo, mostrar cómo estas dificultades son mucho menores cuando llegamos a la edad adulta con un apego seguro. No porque aquéllas (los lobos) sean menos peligrosas o dañinas, sino porque las personas con apego seguro cuentan con muchas más capacidades y habilidades de enfrentarlas.

Para mostrar todo esto hemos adaptado un cuento clásico, puesto que nos parece que tiene ya en sí una enorme sabiduría sobre el funcionamiento humano. Nuestro cuento elegido ha sido el de los tres cerditos.

De este modo, hemos escogido a una familia de cerditos que construye una casita de paja donde vivir con su hijita para mostrar cómo son los padres que generan en sus hijos un estilo de apego inseguro ansioso-ambivalente. Julia, la cerdita que creció en un hogar de paja, nos mostrará cómo enfrentan en la edad adulta las dificultades de la vida las personas con dicho estilo de apego adulto.

Por otra parte, hemos elegido a una familia de cerditos que construye una casita de madera para vivir con su hijito para mostrar cómo son los padres que generan en sus hijos un estilo de apego inseguro evitativo. Nicolás, el cerdito que creció en un hogar de madera, nos mostrará cómo enfrentan en la edad adulta las dificultades de la vida las personas con este estilo de apego adulto.

Y, finalmente, hemos elegido a una familia de cerditos que construye una casita de ladrillos, para vivir con su hijito, para mostrar cómo son los padres que generan un estilo de apego seguro. Sebastián, el cerdito que creció en un hogar de ladrillos, nos mostrará cómo enfrentan en la edad adulta las dificultades de la vida las personas con un estilo de apego adulto seguro.

Queremos aclarar que no consideramos que el estilo de apego ansioso-ambivalente sea más grave que el estilo evitativo, o que el estilo evitativo sea mejor que el ansioso-ambivalente. Ambos son estilos inseguros, lo que ya en sí es inadecuado. Cada uno de los estilos inseguros puede tener un mayor o menor grado de gravedad. De esa manera, un estilo de apego evitativo, si es muy acusado, muy extremo, será peor que un estilo de apego ansioso-ambivalente poco marcado. Si bien, como se mostrará en el cuento, las personas de estilo inseguro evitativo tendrán muchas dificultades de contacto con su mundo emocional y, por lo mismo, a la hora de establecer relaciones afectivas profundas, podrán tener, en general, un tipo de desempeño profesional y académico superior al de las personas con un estilo de apego inseguro ansioso-ambivalente.

Dada la gravedad del estilo de apego desorganizado, hemos decidido dejar este estilo fuera del cuento.

Los invitamos ahora a pensar en estos tres tipos de hogares, en los de papás y mamás que construyen casas de paja, en los de papás y mamás que construyen casas de madera y en los de papás y mamás que construyen casas de ladrillos, para conocer más detalladamente los estilos de apego. Y, principalmente, para conocer qué funcionamiento emocional adulto tienen las personas en función del tipo de hogar emocional del que provienen. Para que piensen, tras la lectura del cuento, en qué tipo de casa quieren construir como padres para sus hijitos.

LOS TRES CERDITOS Y LOS TRES TIPOS DE HOGARES EMOCIONALES

Había una vez un pequeño prado en el que vivían tres familias de cerditos. La primera vivía en una casa de paja; otra, en una de madera, y la última, en una de ladrillos. Cada una de las familias tenía un cerdito hijo de tan sólo dos años. La que vivía en la casa de paja tenía una preciosa chanchita rubia, de pelo rizado, llamada Julia. La familia de la casa de madera tenía un hermoso puerquito de pelo liso y castaño llamado Nicolás. Y la familia de la casa de ladrillos tenía un guapísimo cerdito pelirrojo llamado Sebastián. Estas tres familias se diferenciaban no sólo por los materiales con los que estaban construidas sus casas sino también por el modo en el trataban a sus hijos.

Los padres cerditos de Julia solían atenderla con bastante rapidez, eficacia y cariño cuando tenía una necesidad física. Si tenía sed, le daban agua, si tenía hambre en mitad de la tarde, le preparaban una rica merienda, si tenía frío le ponían un suéter calentito. Pero el papá y la mamá cerditos de Julia se cansaban pronto. Se cansaban mientras cuidaban a su hija de la misma manera que se habían cansado cuando construyeron su casa. Por ese motivo era de paja.

Mucho antes de que Julia naciera, cuando sus papás cerditos decidieron irse a vivir juntos, lo primero que hicieron fue construirse una casita en el prado más bonito de su pueblo. Con bastante rapidez y eficacia se hicieron de palas, carretillas y mucho cemento. Ilusionados cavaron, con la fuerza de sus brazos, un gran agujero para instalar en él las altas vigas que habían comprado. Las sujetaron con un concreto especialmente resistente y, de repente, se cansaron. Ya tenían la estructura, era el momento de revestirla con ladrillos, pero se les agotaron las fuerzas. Abatidos, se sentaron en una piedra.

—Estoy cansado, no me apetece seguir trabajando, no puedo más —dijo el padre cerdito.

—Yo tampoco —respondió la mamá cerdito.

Se iba acabando la tarde y la oscuridad de la noche cubría el cielo.

La pareja de cerditos se tumbó en la mullida hierba, de la mano contaron estrellas hasta quedarse dormidos. A la mañana siguiente decidieron revestir la estructura de su casa con paja para terminar lo antes posible. Querían llegar a tiempo a la comida popular que organizaba el ayuntamiento, en la plaza, ese primer día de primavera. En su pueblo se celebraba, por todo lo alto, con un delicioso guiso de frijoles, el inicio del buen tiempo.

A los cinco años de haber construido su casita de paja, nació Julia, su hija cerdita, a la que intentaban cuidar bien, pero con la que, como con todo lo demás, a veces se cansaban. Cuando Julia era bebé sucedió, en muchas ocasiones, que, tras darle de comer y bañarla, sus papás se agotaban. Julia en esos momentos los llamaba, necesitaba jugar con ellos, porque se aburría sola en su cuna. Sus papás, que ya estaban descansando en su sofá, sentían una enorme pereza.

—¿Qué será lo que quiere la bebé ahora? —preguntaba el papá cerdito.

—No lo sé, ya le dimos de comer, ya la dejamos limpiecita. No creo que necesite nada más y a mí no me quedan fuerzas —respondía la mamá cerdita.

—Bueno, seguro que no necesita nada importante. ¡Hija! Déjanos tranquilos, papá y mamá necesitan descansar —concluía el papá cerdito recostándose cómodamente en el sofá.

Julia solía seguir llorando e insistiendo para que sus papás fueran a hacerle caso. A veces, su madre no podía soportar que siguiera llorando y, a pesar de su cansancio, acudía a jugar con ella; a los cinco minutos de haber empezado Julia a llorar, a veces a los diez minutos y otras veces a la media hora.

Otros días, el papá o la mamá de Julia, cuando ésta les reclamaba atención, a pesar de estar alimentada y limpia, le lanzaban un grito aún más fuerte.

—¡Julia! No seas pesada, ya te dimos todo lo que necesitabas, ¿qué demonios quieres ahora?

Tras el grito, se sentían mal y acudían a verla. Una vez allí, alguno de los dos primero la tomaba en brazos, la besaba y abrazaba, para después, quedarse a su lado, sentado en una confortable butaca a los pies de la cuna, mirando su teléfono móvil. Y, cuando terminaba de revisar sus mensajes, le dedicaba un tiempecito a Julia, por fin, a jugar con ella.

En otras ocasiones, las menos, los padres de Julia se quedaban dormidos en el sofá y no llegaban a acudir. Para Julia era imposible predecir cuándo ocurriría cualquiera de esas tres opciones, puesto que no dependían de ella, sino de razones indescifrables para cualquier bebé cerdito, alojadas muy dentro del cansancio de sus padres.

Y ésta fue, en general, la manera en la que la mamá y el papá cerditos de Julia cuidaron de ella.

En la casita de madera las cosas habían sido bastante diferentes.

Los padres cerditos de Nicolás solían atenderlo, también, con bastante rapidez cuando tenía una necesidad física, de manera eficiente, pero sin demasiado cariño. Pensaban que el cariño podía volverlo débil y que no era necesario tanto mimo para que su cerdito creciera bien. Si tenía sed, le daban agua; si hambre en mitad de la tarde, le preparaban una rica merienda; si frío, le ponían un suéter calentito. Pero el papá y la mamá cerditos de Nicolás no creían que hubiera muchas más necesidades aparte de las físicas. Si su cerdito estaba alimentado, limpio y bien vestido, ¿qué más podía necesitar? Cuando alguien les decía que los cerditos necesitan también sentir mucho cariño, que a veces se asustan y sólo se calman en brazos, que a veces se enojan y necesitan llevar la contraria para aprender bien que su identidad es diferente de la de sus padres, los papás cerditos de Nicolás se ponían bastante nerviosos.

—Nuestro cerdito tiene todo nuestro cariño, tiene que aprender a apreciar que lo tiene, si se lo decimos estaremos haciéndolo nosotros por él y no será autónomo. Dependerá de que nosotros le enseñemos, en lugar de ser capaz de aprender por sí mismo —solía decir con mucha seriedad el padre de Nicolás.

—Nuestro cerdito tiene que ser capaz de enfrentar sus miedos, si nosotros lo protegemos ante sus sustos, no aprenderá que él puede y no será un cerdito valiente. Además, ¿quién dijo que los cerditos necesitan abrazos para calmarse?, nosotros a Nicolás no lo abrazamos y finalmente consigue calmarse solito. Siempre deja de llorar porque lo estamos haciendo fuerte —solía decir muy orgullosa la mamá de Nicolás.

Ambos papás habían tenido, a su vez, padres cerditos muy duros y poco afectuosos. En ese sentido, los cuatro abuelos de Nicolás se parecían mucho, por lo que, cuando la mamá cerdita de Nicolás, siendo niña, había mostrado alguna emoción negativa, cuando había dicho "Mamá, estoy triste", "Papá, estoy nerviosa porque mañana hay colegio y algunos cerditos en la escuela me llaman gorda", sus padres le habían respondido fríamente. Se habían dado vuelta y, dándole la espalda, habían pronunciado estas dolorosas palabras: "Sécate esas lágrimas, a mí no me vengas con esa cara de débil, no la puedo soportar"; "Ya estás con tus tonterías, hija, tienes de todo para estar alegre, no seas boba y aprecia lo que tienes"; "No seas blanda, ignora los comentarios de tus compañeritos".

Cuando el papá cerdito de Nicolás, siendo niño, había mostrado alguna emoción negativa, y había dicho: "Mamá, estoy asustado ante el examen de mañana"; "Papá, estoy preocupado porque mis amigos parecen enojados", sus padres le habían respondido igual. Le habían dado la espalda y le dijeron estas dolorosas palabras: "Pues eso será porque no has estudiado lo suficiente, si lo hubieras hecho no tendrías miedo"; "Si tus amigos se enojan contigo, déjate de tonterías y haz otros amigos, hay muchos más niños en el colegio".

Por el contario, cuando los abuelos de Nicolás oían: "Mamá, no le tengo miedo al examen porque me lo sé todo"; "Papá, no me importa que se enojen conmigo porque no me afecta lo que ellos hagan"; "Me da igual lo que digan de mí"; "Yo, si me pongo triste, me trago las lágrimas y me dejo de tonterías"; "Es de débiles pararse en la tristeza"... cuando adoptaban esa actitud, los cuatro abuelos de Nicolás sonreían y miraban a sus hijos con cara de amor.

Estas experiencias infantiles habían hecho que para los papás cerditos de Nicolás mostrar emociones fuera algo horrible que, ineludiblemente, causaba nerviosismo, porque era sinónimo de terminar experimentando sufrimiento. Mientras que contener y reprimir las emociones llevaba a un muy buen lugar: al reconocimiento y al afecto. Tragarse las emociones era bueno, era de valientes, era de personas que hacían lo correcto. Era lo correcto. Por eso, vivían esquivando todo lo que pudiera llevarlos a entrar en contacto con emociones negativas. Reconocer errores, vulnerabilidades, dudas o debilidades era algo que, enseguida, conectaba con sentimientos muy intensos, difíciles de inhibir. Por lo tanto, los papás de Nicolás negaban totalmente sentirse vulnerables, tener debilidades, problemas o estar atravesando alguna situación difícil. Y si la vida los golpeaba con una situación difícil, la minimizaban o se negaban a hablar sobre ella, como si el silencio tuviera el poder de hacerla desaparecer. Por ese motivo su casa era de madera: mucho antes de que Nicolás naciera, cuando sus papás cerditos decidieron irse a vivir juntos, lo primero que hicieron fue, como los papás de Julia, construirse una casita en el prado más bonito del pueblo. Con bastante rapidez y eficacia hicieron todos los trámites y rellenaron los 343 formularios necesarios para solicitar al ayuntamiento un terreno, en ese prado, para construir su casa. Éste cedía siempre un terreno, por sorteo, dentro de la zona que los cerditos eligieran, para que una nueva familia pudiera formarse. Una vez que les fue asignado su terreno, se hicieron de palas, carretillas y mucho cemento. Ilusionados, cavaron, con la fuerza de sus brazos, un gran agujero en el terreno, que daría cabida a su hogar, para instalar en él las altas vigas que habían comprado. Las sujetaron con un concreto especialmente resistente y, de repente, se dieron cuenta de que el terreno que les había tocado en el reparto no era de muy buena calidad, no era tan resistente como para sostener una casa de ladrillos. Era un terreno un poco arcilloso. Sólo resistiría una casa recubierta de madera. A la mañana siguiente, aparentemente tranquilos, inhibiendo sentir el fastidio que había en el fondo de su corazón por haber tenido mala suerte con su terreno, fueron a la tienda de materiales de construcción del pueblo.

—Buenos días, querríamos tablones de madera para forrar nuestra casa, ayer terminamos la estructura y ya sólo nos queda recubrirla —pidió la mamá cerdito de Nicolás.

—Permítanme la osadía, señores, pero creo que sería más adecuado que forraran su casa con ladrillos. Si tienen un terreno que resista ese tipo de construcción, es la mejor opción. Los ladrillos son mucho más resistentes que la madera, los aislarán mejor del frío, del calor y de cualquier peligro, se sentirán más seguros en una casa de ladrillos Otra cosa sería haber tenido mala suerte y haber recibido un terreno arcilloso. En ese caso hay una solución: podrían cambiar las vigas, que probablemente hayan usado, por unas que acaban de salir al mercado, muy resistentes pero muy ligeras. Quitando peso de las vigas, un terreno arcilloso aguantaría una construcción de ladrillos —les planteó el dueño de la tienda de materiales de construcción.

—A nosotros no nos hace falta una casa más resistente para sentirnos seguros, ya somos cerdos muy seguros de nosotros mismos. Es de débiles asustarse ante los problemas meteorológicos que puedan venir, y si vienen les haremos frente con nuestras fortalezas y punto. Denos, por favor, tantos tablones como sean necesarios para terminar nuestra casa y hágalo lo antes posible, que tenemos prisa —respondió airado el padre cerdito de Nicolás.

En cuanto a los padres cerditos de Sebastián, solían atenderlo con bastante rapidez, eficacia y cariño cuando tenía necesidades físicas y también cuando tenía necesidades emocionales. Sus papás cerditos habían tenido una infancia libre de sufrimiento, en la que se habían sentido muy queridos; por ese motivo, no guardaban recuerdos cargados de sufrimiento en su cerebro. No tenían fantasmas del pasado como los papás cerditos de Julia y Nicolás, fantasmas que se despiertan y atacan especialmente cuando toca cuidar a los hijos. Además, sabían regular muy bien sus emociones y, por ello, los conflictos cotidianos, en el trabajo y en la vida, no se les hacían muy pesados. De ese modo, llegaban a cuidar de su bebé cerdito, tras recogerlo de la guardería, aún plenos de energía, por lo que no se cansaban mucho cuidándolo. Y si lo hacían, se turnaban: uno descansaba mientras el otro cuidaba del bebé.

Por todas estas razones, su casa era de ladrillos. La habían construido venciendo las adversidades a través de reconocerlas, desahogarse ante ellas y buscar ellos mismos soluciones, o pidiendo ayuda, también, cuando fue necesario.

El tiempo había pasado rápido por el prado. Julia, Nicolás y Sebastián eran ahora unos jóvenes cerditos llenos de ilusión por construir su propio camino. Los tres se habían ido a trabajar a la ciudad y habían dejado atrás sus casitas de paja, madera y ladrillos para vivir en uno de esos grandes bloques de departamentos diminutos. Las únicas viviendas que unos jovencitos recién licenciados, que se estrenaban en sus trabajos, podían permitirse.

La vida siguió pasando rápido y enfrentó, por vez primera, a Julia, Nicolás y Sebastián con los lobos que andan escondidos en las esquinas del destino de los adultos.

El que atacó a Julia fue su primer novio. Después de llevar saliendo con él casi dos años y estar empezando a pensar en casarse, una tarde Julia recibió una llamada de un número desconocido en su teléfono. Una voz femenina al otro lado se presentó como una compañera de trabajo de su novio y le sopló que éste estaba teniendo una aventura con ella. Sopló, sopló y sopló y su corazón derribó.

Tras comprobar que esa voz femenina estaba diciendo la verdad, Julia se hundió en una profunda tristeza. Sentía mucho dolor porque su novio la hubiera engañado y le hubiera sido infiel, pero sentía aún mucho más sufrimiento porque pensaba, erróneamente, que si su novio había estado con otra cerdita no podía ser sino porque ella carecía de importancia. Nunca se había considerado una cerdita suficientemente valiosa, principalmente porque en su infancia se había sentido, muchas veces, una molestia para sus padres, alguien que no les interesaba verdaderamente. Siempre había pensado que si no le interesaba a ellos, no tenía valor para resultar interesante para nadie. Como consecuencia, había crecido considerando que para ser valorada tenía que hacer todo bien, sacar buenas notas, conseguir un buen trabajo, hacer de manera extraordinaria su trabajo y ser una buena novia. Julia había vivido en una casa de paja y su alma se le había quedado, por ello, tan frágil como una estructura que se deshace con un solo golpe de viento.

El lobo que atacó a Nicolás fue su primer jefe. Nicolás llevaba tres años trabajando como ingeniero en una empresa transnacional. Era el único que quedaba de los cinco compañeros que empezaron con él en su departamento. El resto se había ido y ahora trabajaba felizmente en otras empresas del sector. Se habían marchado cansados de las múltiples exigencias desmedidas, faltas de respeto y engaños laborales del que ahora era jefe de Nicolás solamente. Nicolás seguía en la empresa, decía que si uno era un buen profesional tenía que poder con rachas de duro trabajo, que sus compañeros habían sido unos flojos que se hundieron ante la primera adversidad. Que si uno era profesional, no tenía que tomarse como algo personal que el jefe gritara. Que si uno estaba seguro de sí mismo, no tenía que verse afectado por los desprecios del jefe. Pero el jefe de Nicolás le sopló, le sopló y le sopló. Y lo derribó. Un domingo por la tarde, mientras recapitulaba mentalmente todas las tareas laborales a las que tenía que enfrentarse al día siguiente, Nicolás empezó a sentir una opresión muy fuerte en el pecho. Afortunadamente, estaba tomando café en casa de unos amigos que, a pesar de sus resistencias, lo llevaron al médico. Le diagnosticaron una patología cardiaca, desarrollada a causa de un fuerte estrés sostenido, no reconocido, provocada también por no descansar lo suficiente en los últimos tres años. Tras el diagnóstico, Nicolás empezó a sentir una gran ansiedad que le obligó, muy a su pesar, a tener que estar un año de baja.

Nicolás había vivido en una casa que bien podía haber sido de robustos ladrillos, si se hubiera reconocido la debilidad del terreno en el que estaba. Pero sus padres, por no sentir emociones negativas, la construyeron de endeble madera. Y por esto, su corazón se le había quedado de una madera que fingía, inútilmente, ser de la dureza de los ladrillos.

A Sebastián lo atacaron dos lobos, justo antes de su vigésimo quinto cumpleaños. Ese año lo despidieron del trabajo y su novia de toda la vida lo dejó. Sebastián la pasó muy mal, lloró, pataleó, maldijo su suerte, le contó a familiares y amigos lo que le había sucedido, se desahogó con ellos, se dejó cuidar, animar y mimar, hasta que, pasados tres meses de las dos noticias, se levantó una mañana sintiendo su alma llena, colmada de la misma alegría de siempre. Se sentía una persona valiosa, estaba completamente seguro de que muchas más parejas pasarían por su vida hasta quedarse la definitiva. A final de cuentas, todos podemos dejar de querer a alguien. Sobre todo cuando lo conocimos en la adolescencia y evolucionamos de manera diferente. La novia de Sebastián quería seguir viajando por el mundo y él quería ya construir una familia con chanchitos y jardín. Y se sabía un buen profesional, lleno de capacidades y, por lo tanto, de garantías para conseguir otro empleo, probablemente mejor. La había pasado mal, había sufrido, sus ladrillos se habían tambaleado un poco, pero había sido sólo dolor. Y el dolor no derriba una estructura sólida.

Sebastián había vivido en una casa de robustos ladrillos y, por ello, tenía un alma y un corazón seguros que nunca sufrirían por un derrumbe.

3
Necesidades y deseos

INTRODUCCIÓN

Es frecuente escuchar frases del tipo "Necesito un celular nuevo", "Me tengo que casar por la iglesia", "Necesito un café a primera hora de la mañana", etcétera. En todas ellas apreciamos una fuerte necesidad de quien las pronuncia. Pero ¿realmente estamos en presencia de necesidades reales o son encubiertas? El ser humano tiene gran facilidad para convertir deseos en necesidades. Por ello se hace imprescindible distinguir entre un deseo y una necesidad para poder explicarles la diferencia a nuestros hijos y actuar en consecuencia. Veamos en qué se distinguen.

DIFERENCIAS ENTRE NECESIDADES Y DESEOS

Podemos decir que una necesidad es todo aquello que es imprescindible para vivir. Piensa durante unos segundos qué cosas son necesarias para vivir. En lo que te llevarías a una isla desierta que aumentaría tus probabilidades de supervivencia. Seguro que has pensado en cosas básicas y que has dejado determinados lujos a un lado. El ser humano tiene una serie de necesidades, como la alimentación, la hidratación, la seguridad, un techo, el ser calmados (regulación emocional), etcétera. Todas estas cosas son necesarias para sobrevivir o son imprescindibles para una buena salud mental. Por ejemplo, necesitamos comer e hidratarnos para poder vivir, sin embargo, podemos sobrevivir sin que nadie nos ayude a calmarnos ante una situación repetida de miedo o estrés, pero está claro que esto irá en contra de una buena salud mental. Por lo tanto, las necesidades están encaminadas a la supervivencia y a una correcta salud mental.

Y entonces, ¿qué es un deseo? Un deseo es algo que no es imprescindible para la supervivencia, pero que mejora nuestra calidad de vida.

Podríamos decir que en la sociedad en que vivimos el deseo es un lujo. Por ejemplo, podemos desear con muchas ganas comprarnos un abrigo o una bolsa muy bonita que hemos visto, pero el hecho de no comprarlos no va a poner en riesgo nuestra supervivencia. Para un niño, un deseo puede ser que sus abuelos le compren unos dulces en una tienda de golosinas, y si éstos no acceden a comprárselas es posible que haga una rabieta y se tire al suelo a patalear, pero debemos comprender que esto no es una cuestión de supervivencia.

A escala neurobiológica, como veremos más adelante, la necesidad se ubica en lo que conocemos como cerebro caliente, es decir, el cerebro reptiliano y el cerebro emocional. Las necesidades se ubican en el cerebro inferior, donde se codifican las funciones básicas de supervivencia (alimentación, hidratación, sueño, protección, temperatura, etcétera). En cambio, los deseos se ubican en el cerebro frío, o en el cerebro superior; en concreto, en la corteza prefrontal. Veamos ahora qué tipos de necesidades tenemos como seres humanos y, por lo tanto, qué aspectos debemos cubrirle a nuestros hijos.

CLASIFICACIÓN DE LAS NECESIDADES BÁSICAS

Según Jorge Barudy y Maryorie Dantagnan (2005) existen en total cuatro necesidades básicas en el ser humano que pueden agruparse en fisiológicas, afectivas, cognitivas y sociales.

Las *necesidades fisiológicas* son la alimentación, la hidratación, el sueño, la temperatura, la asistencia médica, etcétera. Es el adulto o la figura de apego quien tiene la responsabilidad de cubrir las necesidades fisiológicas del niño del que está a cargo. Cuando el bebé o el niño tienen hambre, es la figura de apego quien se debe encargar de darle de comer, puesto que el bebé o el niño no son autosuficientes. Debemos tener en cuenta que todos tendemos al equilibrio, a lo que los griegos llamaban *homeostasis*, y que cuando ese equilibrio se rompe somos los adultos los encargados de devolver al niño a dicho estado de calma y tranquilidad.

Un segundo tipo son las *necesidades afectivas o emocionales*. Decíamos antes que el ser humano tiende al equilibrio (homeostasis). Cuando el bebé o el niño pequeño experimentan una emoción intensa, se rompe dicho equilibrio. Dado que los menores no son capaces de recuperar la homeostasis y satisfacer sus propias necesidades, es el adulto quien tiene que heterorregular las emociones del menor para devolverlo al equilibrio. Sin la ayuda de la figura de apego, esto no será posible, dado que el menor no tiene por sí solo estrategias para autorregularse. Por lo tanto, siempre que nuestros hijos o alumnos experimenten la emoción de miedo, tristeza o rabia, necesitarán de un adulto significativo (mamá, papá, profesor, etcétera) que lo ayuden a calmarse y, poco a poco, recuperan dicha estabilidad.

En tercer lugar, tenemos las *necesidades cognitivas*. Todos los niños tienen la necesidad de conocer, aprender y comprender el mundo en el que viven. Cuando el niño pequeño ve u oye algo que se sale de los esquemas que conoce, le surge la duda y, por lo tanto, tiende a preguntar. Los niños son por naturaleza curiosos e investigadores, por lo que necesitan explorar para conocer el mundo que les rodea. Cuando algo no les "cuadra", necesitan indagar el medio en el que se desarrollan como manera de volver al equilibrio. Es importante que tanto padres como maestros seamos conscientes de que los niños son curiosos por naturaleza y precisan respuestas a sus preguntas.

En último lugar tenemos las *necesidades sociales*. Todos los seres humanos necesitamos relacionarnos con los demás. Muchas de las satisfacciones de nuestras vidas se han dado en compañía de otras personas (familiares, amigos, hijos, compañeros de trabajo, etcétera). La necesidad social va encaminada a la protección. Tenemos que ser conscientes de que, cuanto más sociables seamos, tenemos más probabilidades de sobrevivir. Piensa en una persona que no tenga amigos, no salga de casa ni tenga *hobbies*. Ahora piensa en alguien que es muy sociable y con muchos grupos diferentes. La segunda persona tiene más probabilidades de sobrevivir que la primera.

Como conclusión, diremos que una inadecuada o inexistente satisfacción de las cuatro necesidades en el niño (fisiológicas, afectivas, cognitivas y sociales) influirá en su salud mental y la de su familia. De ahí que sea imprescindible que los adultos que rodean al niño se encarguen de cubrir dichas necesidades.

CUENTO 3. CORAZONES PEQUEÑOS

¿Por qué y para qué este cuento?

Creo que en algún momento la mayoría de padres y madres nos hemos enfrentado a una enemiga común, capaz de generarnos la mayor de las vergüenzas, de bloquear nuestro pensamiento, de darnos ganas de gritar lo suficientemente fuerte como para parar el mundo. Creo que la mayoría de nosotros nos hemos enfrentado a una enemiga llamada rabieta. Nadie puede criar a un hijo o hija sin experimentar alguna vez una de ellas, más o menos intensas, más o menos frecuentes; creo que todos las conocemos. Estas enemigas no son fáciles de manejar. En ocasiones, se complican y no encontramos la manera de sacar a nuestros hijos de sus garras.

Este cuento es, ciertamente, autobiográfico. Lo escribo porque yo también he pasado por varias rabietas. Una de ellas fue especialmente intensa e incomprensible para mí, experimenté cierta indefensión ante ella y, por un momento, anduve aturdida sin saber qué era lo mejor para rescatar a mi hija de ella. La idea que guía este cuento se me ocurrió, desesperada, en medio de esta histórica rabieta de mi hija, tratando de hacer uso de mis conocimientos psicológicos. Resulta que lo que se me ocurrió en ese momento de desesperación terminó siendo muy útil. Por ello queremos compartir esta idea, en forma de cuento, como herramienta para frenar las rabietas de los niños.

Paso a explicarles los detalles previos a nuestra "gran rabieta". El verano pasado, mi pareja y yo estábamos de viaje por Lituania, recorriendo este precioso país báltico, cuando mi hija de cuatro años quiso que le comprásemos el habitual peluche que le regalamos, como recuerdo, en todos los viajes. Eligió una pequeña dragona que decidimos llamar Vilna, como la capital del país. Al día siguiente nuestra hija quiso una casita de cerámica; en ese momento no nos pareció mala idea comprársela y así lo hicimos. Llegó otro día más y, mientras paseábamos por el centro de una hermosa ciudad de nombre impronunciable, Druskininkai, quiso un globo de *Frozen*. Razonamos y decidimos no comprárselo. Dicho sea de paso, el globo estaba descolorido y bastante desinflado, lo que nos hizo aún más difícil comprender aquello que fue capaz de desencadenar ese mediocre puñado de helio.

Al hacerle saber a nuestra angelical hija que no había ninguna posibilidad de que le compráramos el globo, ni de que ella consiguiera convencernos de lo contrario, literalmente mutó hacia un ser hasta aquel momento desconocido para nosotros. Gritó, chilló, pataleó, se tiró al suelo en mitad de la calle entre una multitud de personas que pensaban que éramos los peores padres del universo y a los que no podíamos convencer de lo contrario, ya que hablaban, ni más ni menos, que lituano. Cuando intentábamos calmar a nuestra hija, todo iba peor, ¡hasta nos pateaba a nosotros!, cosa que jamás había hecho. Incluso, por momentos, cuando nos acercábamos a ella, echaba a correr como si fuéramos dos desconocidos que quisiéramos secuestrarla, con lo que consiguió que los viandantes pensaran que, efectivamente, estaban presenciando un rapto. Creemos que los lituanos que observaron la escena aprendieron que *globo* significa en castellano "me quieren secuestrar". Terrible.

En mitad de la desesperación, convencida de que tenía que hacer algo muy llamativo para, al menos, conseguir que mi hija no se fuera corriendo de mi lado y lograr que me escuchara, le dije: "¡Hija!, tengo que decirte algo muy importante que no has oído nunca, tienes que saberlo, ven aquí". Aprovechando que venía una patrulla policiaca (quiero pensar que fue casualidad y no venía por nosotros), seguí en mi argumentación. "Viene la policía, seguro que nos regañan si no sabes lo que tengo que decirte, ven rápido a que te lo cuente, por favor".

En ese momento aún no sabía qué decirle. Sólo sabía que era muy malo para ella comprarle ese globo, que le haría daño si seguía comprándole todo lo que me pedía. Pero no sabía aún como hacérselo entender a sus cuatro años. Al menos lo de la policía había surtido efecto y ya la tenía en mis brazos, aún llorando, pero dispuesta a escucharme.

En ese momento vi su preciosa carita y se me ocurrió el argumento para hacerle ver que era malo para ella que yo le comprara todo y que por eso no lo iba a hacer. Y para hacerle entender que, por muy feliz que le hiciera el globo, era bueno para ella renunciar a él, que eso la llevaría a ser más feliz.

Y ese argumento es este cuento.

Los invito, entonces, a leer y a tener una manera de explicarle a los niños lo que les pasaría si les compráramos todo, de mostrarles que comprarles todo no es bueno y, por eso, no lo vamos a hacer. Para mostrarles qué es un deseo y qué es una necesidad, como lo hemos explicado en este capítulo que acaban de leer.

Leer esto después de haber leído el cuento

Queremos que el cuento sea un recurso para haber podido explicar a los niños, antes de que llegue una rabieta, por qué no podemos darles todo lo que quieren. Pero a continuación les dejo reflejado cómo usé la idea del cuento en el momento de la rabieta de mi hija. Obviamente en ese momento no tenía el tiempo ni la templanza para ponerme a contar un cuento. Tenía que ser directa y transmitirle de manera clara y rotunda sólo su idea central.

En mitad de las sirenas de policía y las lágrimas de mi hija corriendo como ríos por sus mejillas, no sin cierta desesperación le dije:

—Hija, no te compro el globo porque ¿sabes qué les pasa a los niños, a las personas que todos los días se compran algo que les gusta mucho? ¿Sabes qué les pasa? Pues les pasa que se les va haciendo el corazón pequeño. El corazón se hace un poco más pequeño con cada cosa que compramos sin apreciar la que compramos ayer y sin apreciar las que ya tenemos. Y si se va haciendo cada vez más pequeño nos convertimos en personas con el corazón diminuto. Con un corazón tan, tan pequeño, que casi ni ve. Y ¿sabes qué les pasa a las personas que tienen el corazón pequeño? Pues que no pueden ser felices. Están siempre tristes, ya no sonríen, ya no juegan y nada, nada las pone alegres. Yo te tengo que cuidar, hija, y no puedo permitir que tu corazón se vuelva pequeño. Por eso no te vamos a comprar el globo. Ya tienes a Vilna y tu casita. Ahora te toca disfrutar de esas dos cosas; si te compramos el globo te olvidarás de ellas y tu corazón se hará pequeño. Y no voy a dejar que eso pase. Y, sabes una cosa, tú deseas mucho ese globo, pero, cariño, tu corazón no lo necesita.

Todo esto de corrido y con la firmeza que da estar en una situación en la que toda una calle piensa que estás secuestrando una niña.

El caso es que funcionó. Mi hija dejó de llorar, se tranquilizó, nos dijo que no quería tener un corazón pequeño y no poder ser feliz. Aun hoy es ella la que sí ve que ha pedido demasiadas cosas: rectifica argumentando que a las personas que compran demasiado se les queda el corazón pequeño.

Y por todo esto quise "inmortalizar" mi explicación desesperada en un cuento que pudiera servirles a otras mamás, papás y, sobre todo, a los niños y niñas.

CORAZONES PEQUEÑOS

Mariela tenía cuatro años y en ese breve tiempo había conseguido una dragona, un unicornio y un duende. Y es que a Mariela le encantaban los peluches, eran su juguete favorito. Sus padres tenían dos grandes costumbres, hábitos o manías, según se mire. La primera era regalarle a Mariela un peluche en cada uno de los viajes que hacían juntos y llamarle con el nombre de la ciudad en la que lo habían adquirido. De ese modo, su dragona era Vilna. Y la segunda era que el resto de peluches regalados por Santa Claus, cumpleaños o festividades diversos debían honrar a una persona célebre, de la ciencia o del arte. De este modo, su unicornio era Frida y su duende Galileo Galilei. El proceso de adquisición de los peluches en los viajes había sido siempre algo divertido. Siempre... excepto este último verano que viajaron a Lituania. En su antepenúltimo día en el país báltico adquirieron a Vilna. Al día siguiente de comprarla viajaron a otra ciudad. Entre los puestos de collares y pendientes de ámbar Mariela vio uno en el que vendían casitas de cerámica. Eran demasiado bonitas para no desear tener una.

—Mamá, mamá, necesito una de estas casitas para decorar mi habitación, son preciosas. Porfa, cómprame una —suplicó.

—No, no necesitas una de esas casitas, deseas tener una, que es distinto —la corrigió Margarita, su madre.

—Ayer compramos a Vilna, no podemos comprar una cosa cada día —dijo Ricardo, su padre.

Mariela se puso a llorar en mitad de la histórica calle por la que se extendían los puestos. Histórica fue también la rabieta. Entre las miradas acusadoras de turistas y oriundos, los padres de Mariela debatieron sobre la conveniencia de adquirir o no la casita. Al fin cedieron.

—Cariño, está bien, te compraremos una casita, pero sólo una, ¿de acuerdo?, porque te hace mucha ilusión —le explicó su padre.

—Bien, bien, yupi, tendré mi casita, gracias, mamá, gracias, papá.

Al día siguiente, en el último paseo, Mariela vio un puesto de globos. Como quizá ya te lo has imaginado, empezó a pedir que le compraran uno. Ricardo y Margarita, agobiados ante la idea de otra rabieta que los demorara y tuvieran que ir con prisas al aeropuerto, como también puede que hayas imaginado, le compraron el globo.

Habían pasado sólo dos días de su regreso de Lituania cuando, una tarde, mientras Mariela y su madre regaban las plantas del jardín, pasó por su puerta una niña que en la cesta de su bicicleta llevaba un camaleón de peluche.

—Mamá, mira, mira la bicicleta de esa niña, necesito eso, necesito eso —empezó a gritar.

—Tranquilízate, Mariela: ¿qué has visto? Dime sin gritar qué es eso que tanto necesitas.

—Un camaleón como el que vimos en el zoológico, pero de peluche, lo necesito, cómpramelo, porfa. Te prometo que te dejaré que le pongas ese nombre que te gusta y a mí no: Freud.

—Hija, te acabamos de comprar un peluche en Lituania, luego la casita y luego el globo —le respondió su madre.

—Pero ¿por qué me compraste la casita y el camaleón no me lo quieres comprar? Mamá, escúchame, es que me hace mucha ilusión tener un camaleón de peluche como ése —argumentó Mariela sin terminar de comprender la decisión de su madre.

—No, no y no, hija. No vamos a comprarte un peluche cada dos días. Así que no —sentenció su madre.

Todo fue pronunciar ese último no y Mariela, como un volcán que acaba de despertar, estalló gritando y llorando. Todos los esfuerzos de Margarita por calmarla fueron inútiles. Hasta que, impotente, ella también gritó y le ordenó a Mariela que se marchara a su habitación. Al menos en esto la niña obedeció, aunque siguió llorando y gritando. Margarita, abatida e impotente, se sentó en la mecedora del portal. El volcán de su hija había provocado en ella un tsunami emocional que hacía que se le saltaran las lágrimas.

Manuela, su vecina, que había estado observando toda la escena desde la ventana de su cocina, decidió salir a su encuentro para ayudarla.

—Margarita, discúlpame. Tal vez pienses que me estoy entrometiendo, pero vi lo que pasó con Mariela; creo que tengo algo que podría ayudarte —le dijo desde la barda que separaba sus casas.

—Gracias, no sé cómo conseguir que Mariela diferencie entre lo que necesita y lo que desea. No quiero que sea una niña caprichosa y superficial.

—Pues, si te parece, ve a buscarla a su cuarto y dile que tengo un regalo para ella. Que las espero en mi casa. ¿Crees que saldrá de su enojo y aceptará?

—Creo que sí. Creo que esto la dejará tan sorprendida que podré sacarla de tanto enojo y ofuscación.

Efectivamente, así sucedió.

—¿Y qué nos quiere regalar Manuela, mami? —preguntó intrigada.

—Pues no lo sé, por eso, rápido tenemos que ir a averiguarlo, yo quiero saberlo.

—Sí, sí, yo también, mamá, vamos.

En menos de cinco minutos estaban llamando al timbre de su vecina.

—Hola, bonitas, qué bueno que han venido, pasen. Siéntense en el sofá, por favor. ¿Quieren un chocolatito? —les preguntó acercándoles una cesta con chocolates—. Mariela, cariño, tengo un regalo para tu madre y para ti. En realidad es sobre todo para ti, para ayudarte con los enojos como el que acabas de tener. Pero también para tu mamá, para que pueda sacarte lo antes posible de ellos. Vengan conmigo.

Manuela las hizo subir a su destartalada buhardilla llena de objetos misteriosos y antiguos. Abrió un precioso baúl de madera labrada y sacó una vieja cámara fotográfica.

—Aquí está lo que buscaba, toma, éste es tu regalo, una cámara fotográfica muy, pero muy especial —dijo tendiéndole la mano con la cámara a Mariela.

—Es una cámara muy antigua, parece muy valiosa, gracias —dijo Margarita, aún sin comprender muy bien las intenciones de su vecina.

—Es muy antigua y muy especial. Toma unas fotos muy peculiares. Pero eso aún no se lo puedo revelar. Lo van a comprobar ustedes mismas, pero para eso tengo que pedirles una cosa. Deben tomar fotos de las personas de la calle que tienen las casas más lujosas, esas que casi no nos hablan al resto de los vecinos.

—Pero ¿nos dejarán que les tomemos una foto? —preguntó sorprendida Mariela.

—Será fácil, explícales que estás tomando fotos para la revista del colegio, que la profesora les ha pedido que participen llevando fotos de sus vecinos, sobre todo de los más distinguidos del barrio. Créanme que accederán, son tan presuntuosos que esto los convencerá, querrán salir en la revista del colegio —respondió Manuela.

—Y ¿cuando tomemos las fotos? —preguntó Margarita, que aún no salía de su asombro.

—Ésta es una máquina antigua, de las que funcionaban con carrete. Cuando se acaba el carrete es necesario revelarlo; lo haremos en mi garaje, tengo un estudio de revelado. Así que, cuando tengan las fotos, vuelvan, revelaremos el carrete y les contaré por qué les he pedido hacer esto.

Aunque Margarita no tenía muy claro si esta petición de Manuela era una chifladura de una anciana que empezaba a perder la energía de las facultades mentales, accedió.

Como bien había vaticinado Manuela, los cinco vecinos opulentos se dejaron fotografiar. No pudieron resistirse a una linda niña con colitas, o quizás a cinco minutos de fama. Cuando tuvieron las fotos regresaron con la cámara a la casa de Manuela; sólo había pasado una semana.

—Qué rápido has hecho el encargo —se alegró Manuela mientras les abría la puerta—. Pasen, vamos a seguir con la aventura. Pero esperen, nos queda algo muy importante que hacer: ¡fotografiarnos nosotras! Nosotras también tenemos que tener nuestra foto.

Tras sus fotos llegó lo más misterioso, revelar el carrete. Mariela pudo vivir la magia de mojar papeles en blanco en diferentes líquidos, dentro de una habitación a oscuras, tibiamente iluminada por una luz roja, tenderlos y convertirlos en fotografías. Dejaron que las fotos se secaran y cuando terminó el proceso las recogieron.

—Margarita, Mariela, les voy a revelar el secreto de mi cámara. Mi cámara toma fotos que muestran cómo es el corazón de las personas —les explicó Manuela.

—¡¿El corazón de las personas?! —dijo sorprendida Mariela.

—Pero si no puede verse, está dentro del pecho —terminó Margarita.

—Miren, lo van a comprobar cuando veamos las fotos —les aseguró.

Y así, Manuela tomó el rollo de fotos y se las fue mostrando una a una. Efectivamente, se veía el corazón de todas las personas ricas de la calle a las que habían retratado.

—Esta cámara es realmente mágica —exclamó Margarita, todavía asombrada, dándose cuenta de que su vecina estaba muy lejos de ser una loca.

—Sí, lo es. Pero vamos a lo que más me importa y para lo que les pedí hacer todo esto—. Miren bien, por favor, las fotos de nuestros vecinos, miren sus corazones. ¿Cómo son?

—Son superpequeños —exclamó Mariela.

—Extremadamente pequeños —enfatizó Margarita.

—Ahora miren los nuestros.

—Parecen normales —expresó la niña.

—Sí, son de tamaño normal —aseguró Margarita.

—Por esto les pedí las fotos. Querida Mariela, ¿sabes qué?, cuando compras todos los días una cosa, juguete, objeto de decoración, ropa, lo que sea, por bonito que sea, cuando te compran tus papás todo lo que deseas, tu corazón se hace pequeño. Con cada cosa que compras, si no paras de comprar, se hace un poquito más pequeño, hasta hacerse como el de las personas del barrio que fotografiaste. Se hace tan pequeño que, cuando ya está de ese anormal tamaño, no puede apreciar aquellas cosas que compró. Como no puede sentir que sus peluches, juguetes, vestidos son especiales, ya no la hacen feliz. Y, como no puede encontrar la felicidad en las cosas que tiene, entonces, se vuelve amargado y gris como nuestros vecinos. Sin embargo, mira cómo están nuestros corazones.

—Están bien —dijo la niña.

—Claro, están bien porque valoramos lo que tenemos. Todo eso se perdería si compráramos y compráramos más. Por eso tu mamá y tu papá no te compran un peluche cada día, sino en cada ocasión especial.

—Mis papás no quieren que se me haga el corazón pequeño.

—Claro que no, mi vida, no queremos eso para ti —aseveró Margarita, fascinada por la capacidad de su vecina, pensando de nuevo que no estaba chiflada, pero que quizá sí era un poco chamánica.

—Así que ahora, Mariela, tú que tienes un sano corazón, debes cuidarlo bien y aprender a diferenciar entre deseos y necesidades. Puesto que, si te rindes a tus deseos y haces que tus padres te los concedan todos, tu corazón se hará pequeño, más pequeño cada vez, hasta que de tan pequeño no te permita ser feliz.

4

Las 16 necesidades del ser humano

INTRODUCCIÓN

En el capítulo anterior diferenciábamos las necesidades de los deseos. En este cuarto capítulo vamos a entrar en detalle a especificar cuáles son las principales necesidades del ser humano, tanto de nuestros hijos pequeños y adolescentes como de nosotros como adultos. Si recuerdas la clasificación de los diferentes tipos de necesidades que vimos en el capítulo anterior desarrollada por Jorge Barudy y Maryorie Dantagnan (2005), veíamos que existían cuatro tipos de necesidades. Pues bien, en este capítulo nos centraremos en las necesidades afectivas o emocionales. Según Begoña Aznárez, psicoterapeuta de la Sociedad Española de Medicina Psicosomática y Psicoterapia (SEMPP), existe un total de 16 necesidades en el ser humano. Una de las funciones que los padres y las madres debemos cumplir es cubrir cada una de esas necesidades. Por lo tanto, la satisfacción de cada una de ellas está orientada a la adaptación y la salud mental de la persona. Por ende, cuantas más necesidades cubramos en nuestros hijos, mayor adaptación y salud mental tendrán. Veamos a continuación cada una de esas necesidades afectivas o emocionales.

OFRECER CONTEXTOS DE SEGURIDAD Y PROTECCIÓN

Podríamos decir que éste es el primer pilar de lo que conocemos como apego seguro. Si queremos niños seguros, resilientes y con alta autoestima, debemos protegerlos y ofrecerles contextos donde se sientan protegidos y sin miedo ni peligros. Un adulto no se podrá sentir seguro si no fue protegido a lo largo de su infancia. La seguridad es el contexto a partir del cual vendrán las siguientes características del apego seguro.

Proteger a nuestros hijos cuando sientan miedo, temor, rabia o tristeza es básico.

FAVORECER SU AUTONOMÍA

Comentábamos antes que la principal característica del apego seguro era la protección. Pues bien, la otra cara de la moneda de la protección es la autonomía. Por lo tanto, como padres, debemos favorecer su curiosidad y su espíritu aventurero y explorador. Venimos a este mundo con la emoción de curiosidad en el kit de supervivencia, lo que nos lleva a tener muchas ganas de aprender cosas nuevas. Es de vital importancia no sólo que nos parezca bien que nuestros hijos curioseen, sino que los animemos a hacerlo. A lo largo de los primeros años de vida, va a resultar más relevante proteger que favorecer la autonomía. En cambio, a medida que el niño va creciendo, la autonomía va a ir cobrando mayor relevancia. Piensa, por ejemplo, en la etapa adolescente.

DAR UNA NARRATIVA

Nuestros hijos son curiosos por naturaleza. Se preguntan el porqué de las cosas y están en constante aprendizaje. Resulta imprescindible que les expliquemos aquello que no entiendan. En ocasiones, nuestros hijos se sienten mal, pero no saben por qué ni tienen herramientas para identificar si lo que realmente sienten es rabia, miedo, tristeza. Por ello se hace imprescindible explicarles las cosas. Pero la narrativa no sólo se refiere al pasado, sino también al presente y al futuro.

Es importante que en la narrativa utilicemos los cuatro siguientes elementos: sensaciones corporales, emociones, pensamientos y acciones o conductas. En el proceso de darles una narrativa a nuestros pequeños, lo que hacemos es tornar una situación que resulta caótica para nuestros hijos en una situación con sentido y que les aporte tranquilidad. Aquí recuerdo la frase de Audrey Hepburn en la película *Breakfast at Tiffany's*: "los días rojos son terribles; se tiene miedo y no se sabe por qué". Lo que debemos hacer como padres es convertir los "días rojos" de nuestros hijos en buenas narrativas para integrar dicho caos.

RESPETAR, ACEPTAR Y VALORAR

Cuando respetamos, aceptamos como son a nuestros hijos y los valoramos positivamente, los estamos mirando incondicionalmente. Debemos mostrar un amor incondicional hacia nuestros hijos, es decir, un amor que no dependa de nada. Los queremos por quienes son y no por lo que hacen o dejan de hacer. Los queremos por el simple hecho de quienes son. Si le doy cariño, tiempo y amor a mi hijo porque está cumpliendo con mis expectativas académicas, no lo estoy mirando de manera incondicional. En definitiva, de lo que se trata es de que nuestros hijos sean vistos por nosotros como son.

SINTONIZAR EMOCIONALMENTE CON NUESTROS HIJOS

Es imprescindible, como padres, que estemos en sintonía emocional con nuestros hijos, es decir, que atendamos, legitimemos y conectemos con las emociones que están experimentando. Así, por ejemplo, un padre estará en sintonía emocional con su hijo cuando, ante una situación concreta, éste le muestre su miedo o rabia, y el padre comprenda y atienda lo que le está pasando. El padre debe concretar qué emoción está experimentando su hijo. Debemos hilar fino, puesto que no es lo mismo sentir alegría que euforia, como tampoco es lo mismo sentir tristeza que decepción. El proceso de sintonización emocional es parecido a cuando sintonizábamos manualmente el radio buscando la estación que queríamos escuchar. Consiste en estar receptivo ante las necesidades del niño. Es como conectar vía wifi nuestro hemisferio derecho, que es el emocional, con su hemisferio derecho.

RESPONSIVIDAD

Podemos decir que la responsividad es la parte que sigue a la conexión emocional. Para poder ser responsivo, previamente hemos tenido que conectar emocionalmente con nuestro hijo; si no, será imposible. ¿Cómo voy a darle a mi hijo aquello que necesita si no sé lo que necesita? En eso consiste la responsividad, en darle al niño lo que necesita. No en acceder a sus caprichos, sino en identificar y cubrir sus necesidades básicas. Te recuerdo que en este capítulo nos estamos centrando en las necesidades emocionales o afectivas. Como ya hemos comentado, las necesidades no se negocian, puesto que son imprescindibles para la supervivencia. La madre responsiva es aquella que le da a su hijo lo que realmente necesita. No es lo que quiere, sino lo que necesita. Si ante un conflicto de nuestro hijo con su amigo, éste se muestra preocupado y nosotros le decimos que no le dé más vueltas y que se ponga a hacer la tarea, que es lo importante, no estamos siendo responsivos porque no estamos atendiendo su necesidad. En este caso, nos estamos comportando como suelen hacerlo los padres evitativos. ¿Se acuerdan del apego evitativo? Por lo tanto, no aportaremos *responsina* a su bidón.

ASUMIR EL ROL QUE NOS CORRESPONDE COMO PADRES

Los padres no somos amigos de nuestros hijos. Tampoco somos sus criados. Somos sus padres y debemos asumir el papel que esto implica. Ser padres y ejercer la paternidad supone que seamos capaces de cubrirles sus necesidades básicas (alimentación, seguridad, cariño, etcétera). Pero, en ocasiones, se produce lo que los psicólogos llamamos *parentificación*, es decir, una inversión de roles. El padre no tiene el suficiente control para ejercer de padre y es el propio niño quien se encarga de las tareas propias de padres y madres. En estos casos, son los hijos los encargados de tranquilizar y calmar a los padres. Un cuento que nos gusta mucho para explicar esta inversión de roles es el de *El niño y la bestia* de Marcus Sauermann.

ESTABLECER LÍMITES CLAROS

Una de las obligaciones que tenemos los padres es aplicar una serie de normas y límites en el contexto familiar. Nuestros hijos necesitan las normas. Es algo tan necesario como sano. ¿Se imaginan una ciudad sin semáforos ni señales de tráfico? ¿Verdad que sería un verdadero caos? Los niños necesitan saber hasta dónde pueden llegar y cuál es su perímetro de seguridad. Cuando establecemos límites y se los explicitamos a nuestros hijos les estamos diciendo "te quiero". Te pongo límites porque te quiero y me importas. ¿Han reflexionado sobre la cantidad de límites que hay en su familia? ¿Son muchos, pocos o inexistentes? Es recomendable dedicar un tiempo a pensar sobre ello.

ESTIMULACIÓN SUFICIENTE Y ADECUADA

Hace ya algunos años que se puso de moda la hiperestimulación en nuestros menores. A los niños los llevábamos de un sitio a otro para "exprimirlos" al máximo cognitivamente hablando. Parecía como si tuviéramos que aprovechar el tiempo y la plasticidad cerebral antes de que se cerrasen esas ventanas. Hoy en día sabemos que los niños necesitan una estimulación suficiente y adecuada. Pasado ese mínimo de estimulación, no se consiguen mayores aprendizajes, sino todo lo contrario: exigencias, estrés e hiperestimulación. Desgraciadamente, hoy nos encontramos con niños y adolescentes excesivamente exigidos y estresados. El eslogan que dice "cuanto antes y más estimulemos a nuestros hijos, mejor" es completamente falso. ¿Debemos los padres replantearnos cómo enfocamos, por ejemplo, las actividades extraescolares de nuestros hijos? Seguramente sí. Los animamos a que dediquen unos minutos a hablarlo con su pareja.

SENTIDO DE PERTENENCIA

El ser humano necesita sentirse parte de un grupo. Esto es de vital importancia tanto para nosotros como para el resto de los mamíferos. ¿Han observado en los documentales los lugares que ocupan en la manada las crías más jóvenes? Generalmente suelen ir en el centro, es decir, en el lugar de mayor seguridad y protección. De ahí viene la importancia del grupo y la manada. El sentirnos parte de un grupo o de varios aumenta las probabilidades de supervivencia. Una de las características que suelen cumplir los niños que sufren acoso escolar es el no pertenecer a un grupo. Es muy importante que nuestros hijos pertenezcan, como mínimo a un grupo, si no más.

FAVORECER LA FUNCIÓN REFLEXIVA DEL NIÑO

La función reflexiva, o también denominada mentalización, se refiere a pensar sobre lo que nos pasa, nuestras emociones, cómo lo estamos haciendo, etcétera. Es importante que ayudemos a nuestros hijos a que aprendan a pensar sobre las emociones que sienten, lo que piensan, cómo se comportan, etcétera. En definitiva, la mentalización consiste en ser inteligentes emocionalmente hablando y ponerle mente a las emociones. También es un trabajo muy interesante para nosotros los adultos.

EXPLICITARLES NUESTRO CARIÑO Y AMOR

Resulta tremendamente importante que les digamos a nuestros hijos, de ser posible todos los días, lo mucho que los queremos, lo mucho que los echamos de menos cuando estamos en el trabajo y lo orgullosos que nos sentimos de cómo son. Esto es fundamental para una buena autoestima y confianza. No basta con pensarlo, debemos decírselo y actuar en consecuencia. Si hoy no le has dicho a tu hijo que lo quieres, intenta que sea lo primero que le digas en cuanto lo veas.

ENSEÑARLES A REGULAR SUS EMOCIONES

Todo lo que somos capaces de hacer hoy en día es gracias a que hubo un "otro" que nos enseñó dicha habilidad o destreza. Piensa en ello. Somos capaces de hablar un idioma (o dos) porque alguien nos lo enseñó. Somos educados en la mesa y nos comportamos bien gracias a que alguien nos lo enseñó. Todo lo que hemos aprendido ha sido gracias a las personas que nos querían (padre, madre, maestros, etcétera), y la regulación emocional no es una excepción. Los niños necesitan que sus padres les enseñen a identificar y gestionar sus emociones. A partir de ahí, todo se va mejorando con base en la experiencia. El problema está cuando los padres no saben regular sus propias emociones. Si ellos no saben, ¿cómo les van a enseñar a sus hijos? Difícilmente. Si queremos que nuestros hijos en un futuro sean capaces de autorregular sus emociones, es imprescindible que ahora que son pequeños les ayudemos a heterorregular sus emociones, es decir, que aprendan a controlarlas con nuestra ayuda.

CANTIDAD Y CALIDAD DE TIEMPO

La idea de que los niños necesitan tiempo de calidad con sus padres sin importar la cantidad es completamente falsa. Es un mito. En mi opinión es una idea que se ha creado para que aquellos padres que trabajan muchas horas y dedican, consecuentemente, poco tiempo a sus hijos no se sientan mal por ello. Pero es completamente falsa. Los niños necesitan mucho tiempo compartido con sus padres y con máxima dedicación (calidad). No es estar solamente en la misma habitación o lugar que ellos, sino dedicación exclusiva (juegos, tareas compartidas, tareas escolares, *hobbies*, etcétera).

IDENTIDAD

En el momento del nacimiento, el neonato y la madre son uno. A lo largo de los primeros días, meses y años de vida, se produce un proceso de diferenciación entre el niño y la madre. Aquél aprende que es diferente de ella, no sólo físicamente, sino en la manera de pensar, sentir, hacer, etcétera. Debemos favorecer en los niños esta identidad propia que nos distingue del resto de las personas.

MAGIA

La magia es uno de los mecanismos de defensa más potentes que tiene el ser humano. Solemos utilizar la magia para explicar algunas cosas a los niños (Santa Claus, Reyes Magos, ratoncito Pérez, etcétera). Los adultos también hacemos uso de esta magia. La solemos llamar *autoengaño*. Todo lo que tiene que ver con la magia, lo oculto, lo divino y lo fantasioso es algo que cautiva a todos los niños. Lo que supone un misterio es algo que "engancha" a los niños. Aprendamos a utilizar y poner de nuestro lado la magia y la fantasía. A veces necesitamos no experimentar la cruda realidad, sino "maquillarla" o relativizar.

CUENTO 4. EL ARPA MÁGICA

¿Por qué y para qué este cuento?

En este capítulo se han detallado las 16 necesidades del ser humano y, por lo tanto, en particular de los niños y de las niñas.

Si bien todas nos parecen muy relevantes, con este cuento queremos poner el foco sobre una de ellas. Sobre una necesidad que nos parece especialmente importante haber cubierto para que nuestros hijos e hijas se conviertan en adultos seguros y capaces de enfrentar las dificultades de la vida, que no suelen ser pocas: *favorecer la autonomía de nuestros hijos e hijas.*

Consideramos particularmente importante cubrir esta necesidad y, al mismo tiempo, nos parece que, a veces, puede ser también especialmente difícil de cubrir.

Los mayores obstáculos para cubrir esta necesidad de nuestros hijos e hijas son:

- El miedo a que nuestros niños y niñas se hagan daño físico o emocional.
- La preocupación por enseñarles todo lo que necesitan saber para que estén seguros y por dotarles nosotros, en nuestra responsabilidad como padres, de todo lo necesario para enfrentar la vida. Preocupación que puede impedir que desarrollen mecanismos para aprender por sí mismos, para hacerlo equivocándose y para ser capaces de darse cuenta de lo que no saben y preocuparse por adquirir tales conocimientos.
- El miedo a que exploren algo inadecuado que les pueda gustar y no quieran dejar de hacerlo.
- El cansancio que genera permitirles que se equivoquen y que, entonces, tengamos que facilitarles que intenten aquello que están aprendiendo una y otra vez. Admitámoslo: a veces es mucho más cómodo y rápido, aunque no positivo a largo plazo, resolvérselo nosotros en lugar de facilitarles una y otra vez que lo intenten.
- Nuestra ocasional falta de paciencia. Hay que armarse de paciencia para lo que acabamos de explicar, para facilitarles a los niños las muchas oportunidades necesarias para que adquieran un aprendizaje.
- Lo molesto que es, sobre todo en la franja de los dos a los cuatro años, que estas pequeñas criaturas nos lleven la contraria y nos digan con tanta firmeza "¡No!", "Mando yo".

Por todo esto, hemos considerado interesante reflexionar, a través de un cuento, sobre esta necesidad. Principalmente porque lo que nos parece especialmente complejo, si ya eran pocas las dificultades que acabamos de enunciar, es establecer un ajustado equilibrio entre la necesidad que tienen los niños de que se les fomente su autonomía y la necesidad, también muy esencial, de los niños de que los adultos les marquemos una estructura y límites claros y firmes ante aquello que pueden y no pueden hacer. Irse a cualquiera de los extremos, o bien no poner límites y permitir al niño que haga todo lo que desee, o bien hacer todo por el niño y ser excesivamente radical con los límites, va a ser negativo para el desarrollo emocional de niños y niñas.

Veamos un ejemplo. Que un niño de dos años quiera pintar y explore los diferentes materiales y las diferentes superficies donde hacerlo es estupendo. Ahora que un niño de dos años quiera rayar con un plumón permanente en nuestra preciosa (y quizá cara) mesa de madera antigua del salón ya no es tan estupendo. Puede que cuando le digamos al niño que no puede pintar con el plumón en la mesa se enoje bastante (debe ser divertido pintar sobre madera con este tipo de rotulador), pero, por nuestro bien y, más aún por el bien del niño, y de la mesa, debemos hacerlo. Sin embargo, en esta sana, necesaria y adecuada imposición de límites y estructura no debemos coartar el desarrollo de su autonomía. Debemos equilibrar las dos necesidades, algo que parece bien difícil, ¿verdad?

Les seguimos explicando las cuestiones básicas para poder cubrir las dos necesidades continuando con este ejemplo.

Viendo que no es adecuado permitir que el niño destroce nuestra mesa del salón, que destroce cosas importantes, tendremos toda la seguridad necesaria para saber que lo correcto es impedir que el niño pinte la mesa. Ahora bien, cuando le digamos al niño que no puede hacerlo y veamos que se enoja, que nos quiere llevar la contraria y no quiere obedecer, será importante no molestarnos ni rechazarlo porque no es razonable y no quiere ser obediente ante algo absolutamente lógico (para nosotros) y adecuado. Como padres tenemos que enseñar también a nuestros hijos que tienen derecho a pensar distinto y que desobedecer también puede ser una opción. Es importante que lo aprendan con nosotros y, además, es que nosotros y su relación con nosotros es el lugar donde se tiene que aprender. De no hacerlo, pueden aparecer problemas importantes en la vida adulta de nuestros hijos. Imagínense que nuestro hijo o hija trabaja en una empresa donde su jefe le ha impuesto unas condiciones de trabajo injustas y que no le sube el salario cuando corresponde. Nuestro hijo tiene que ser capaz de decir que no al jefe, tiene que ser capaz de pensar que las cosas pueden ser diferentes de como éste las quiere establecer y tiene que ser capaz de pedir que las cosas sean diferentes de como quiere su jefe. Si no hemos permitido que nuestro hijo nos diga que no a nosotros; si no hemos permitido que nuestro hijo se plantee que puede desobedecernos; si no hemos permitido que nuestro hijo nos lleve la contraria, no aprenderá que él es distinto de nosotros, que lo que él piensa puede ser distinto de lo que pensamos nosotros. Y, lo más importante, no aprenderá para el futuro que él puede ser diferente de como los demás desean que sea. Resulta especialmente importante que aprenda esto, por si topa con personas que desean que él se someta a ellos, como ese jefe abusivo.

Por lo tanto, entendamos que nuestros hijos necesitan decirnos que no, necesitan desobedecernos para aprender que ellos son distintos de nosotros, para aprender que ellos y su vida pueden ser distintos de lo que otros quieren, y que tienen derecho a ser distintos. De esta manera, si nos dicen que no quieren dejar de pintar la mesa con plumón, entendamos que eso que hacen no es para molestar o para retarnos, sino que es necesario. Y, si lo entendemos, cuando digan que no, cuando desobedezcan, los seguiremos mirando y tratando con cariño, y, con esto, conseguiremos que no se extinga de su repertorio de conducta la desobediencia y la capacidad de decir que no (muy necesaria en la vida adulta). De esta manera, le diremos a nuestro niño, "Cariño, entiendo que quieras pintar, que te divierta pintar". Con esto estaremos fomentando su autonomía porque no castigamos que piense distinto, que quiera algo distinto. Pero, lógicamente, no lo vamos a dejar pintar la mesa con el plumón permanente. Por lo que no pararemos aquí, sino continuaremos: "Cariño, no se puede pintar la mesa con plumón, se estropeará, no, no, no. Ahora lo que vamos a hacer es forrar la mesa con papel, mamá te va a dar una crayola y vas a poder pintar por toda la mesa". Con esto estaremos poniendo un límite claro y también fomentando su autonomía permitiéndole explorar pintando como quería.

Pero, como decíamos, llevar este comportamiento a todos los "no" de nuestros hijos es complejo y... muy, muy agotador. Pero para su futuro es muy necesario.

Para insistir en la necesidad de tratar a los niños fomentando su autonomía, en la necesidad de tratarlos de una manera que los aleje de ser sumisos cuando sean adultos, les dejamos este cuento. Y también para ayudarlos a llevar mejor los "no" y las desobediencias de sus hijos, para ayudarlos a entender como los actos que ellos precisan para aprender que no son nosotros, que pueden pensar distinto de como lo hacemos nosotros. Tan necesaria y normal es, en el desarrollo, esta tendencia a la desobediencia hacia el final del segundo y tercer año de vida, como es la tendencia de los niños a ponerse de pie y a caminar al final del primer año.

Y ahora esto nos lo va a explicar un arpa mágica, ¿la permitimos sonar y la escuchamos?

EL ARPA MÁGICA

Hace muchos, muchos años, en un país recóndito entre montañas y cascadas, en un hermoso valle lleno de flores, vivió la pareja de músicos más virtuosos del mundo.

La pareja había viajado por todo el mundo dando conciertos para zares, samuráis, emires, sultanes, príncipes y princesas. En todos los países querían escucharlos, puesto que eran los mejores músicos del mundo y deleitaban con la dulzura e intensidad de su ejecución a todo aquel que los escuchara. La pareja había acumulado todo tipo de riquezas debido a la cantidad de dinero que cualquier país estaba dispuesto a gastar en ellos con tal de que se desplazaran hasta allí para tocar.

Ahora los músicos eran ya muy mayores y no tenían la suficiente fuerza para continuar viajando y tocando por todo el mundo, por lo que habían decidido volver a su pequeño país. Tenían un sueño y no se iban a morir sin cumplirlo. Su sueño era construir el arpa más perfecta y hermosa del mundo. Así lo hicieron: construyeron, con la madera de los árboles de su valle, el arpa más maravillosa jamás creada. El arpa capaz de producir los más bellos sonidos nunca antes escuchados. Gastaron toda su riqueza y toda su sabiduría en que ese sueño se hiciera realidad. Y se hizo.

Pero poco le duró la felicidad con su arpa a la pareja de ancianos. El viento del norte difundió que se había construido tal instrumento, rumores que llegaron al estricto rey del país. Una noche de oscuridad total, sin luna ni estrellas, el rey ordenó a sus soldados que robaran el arpa y la dejaran en su castillo. El rey era una persona muy sabia, pero muy severa. Además, era un virtuoso y un gran amante de la música, sabía tocar diez instrumentos, entre ellos el arpa. Por este motivo la quería tener a ella, a la mejor arpa jamás creada, capaz de generar los más bellos sonidos.

Y así fue como, durante 17 años, el arpa niña vivió en el castillo del rey. El rey le exigía mucho, le demandaba sonar siempre bien y como él consideraba que era adecuado sonar. Si se encontraba con que el arpa estaba entonando melodías inventadas por ella, haciendo vibrar sus cuerdas sin métrica ninguna, pero sonando juguetona y creativa, la regañaba duramente y luego tocaba él sus cuerdas, forzándolas a seguir cualquier rígida partitura que él considerara correcta. El rey no la dejaba leer e interpretar piezas distintas, él la tocaba y le exigía aprendérselas de memoria. No quería que ella se equivocara por no tener la información correcta. Él sabía lo que ella tenía que saber e iba a hacer que lo aprendiera. Él sabía cómo tenía que sonar e iba hacer que el arpa sonara como él pensaba que tenía que sonar para ser una buena arpa. No iba a dejar espacio para experimentos. Tanto trató así al arpa, que sus cuerdas se olvidaron de vibrar por sí mismas. El rey no le permitió en ningún instante producir la hermosa música que sólo ella era capaz de generar, de expresar toda la maravilla de la que estaba constituida.

A los 17 años del rapto del arpa, llegó el momento de que se marchara a la gran orquesta del país, como pasaba con todos los instrumentos adultos. El rey, orgulloso de lo que había hecho de ella, la dejó marchar.

Pero las cosas no siguieron los exitosos pasos que el rey había soñado para el arpa educada a su antojo.

En la gran orquesta el arpa se sentía perdida. El director indicaba a todos los instrumentos los ritmos, las melodías, los tiempos, pero no tocaba por ellos, esperaba que supieran interpretar las partituras por sí mismos. Pero el arpa no sabía. No era capaz de tomar decisiones por sí misma, estaba totalmente bloqueada. Cada día que pasaba se sentía más y más incapaz. No sólo no sabía interpretar las partituras sino que, peor aún, no podía aprender a interpretarlas, puesto que eso suponía actuar por sí misma, y el rey había anulado esta capacidad. Sólo podía llorar y llorar esperando el día en el que decidieran expulsarla de la orquesta.

La vida de los ancianos llegaba a su final. A punto de morir, tumbados en su camita de madera, tomados de la mano, se disponían a abandonar este mundo. La noche en la que sus almas empezarían a volar hacia el cielo el águila del valle, representante de toda su naturaleza, acudió a su ventana a despedirse de ellos.

El águila quería demostrarles el inmenso agradecimiento de todas las criaturas del valle por los años de hermosa música que les habían regalado. El águila les dijo así:

—En nombre de ríos, de cascadas, de árboles milenarios, de peces, roedores y flores, en nombre de todos los habitantes del valle vengo a darles la despedida y, en gratitud por toda la música que nos han regalado, vengo también a concederles un deseo antes de morir.

Los ancianos no lo dudaron un segundo: a la vez, los dos le pidieron al águila el mismo deseo:

—Ayuda a nuestra amada arpa, sabemos que está totalmente bloqueada en la orquesta nacional, que no es capaz de hacer sonar su hermosa música porque ha sido sometida por nuestro maldito rey ladrón. Pero ella es capaz de producir los más bellos sonidos si conecta de nuevo con el derecho que tiene de ser ella misma, si se le empuja a vibrar libre, no bajo las órdenes de alguien. Ayúdala, vieja águila, por favor.

El águila respondió con firmeza:

—Haré todo lo que esté en mis plumas para cumplir su deseo. Así será, váyanse en paz.

Esa misma noche el águila voló hasta el dormitorio del arpa, situado dentro del edificio de la orquesta nacional.

Apoyada en el alféizar de su ventana comenzó a llamarla:

—Arpa, arpa joven, ven, tengo que decirte algo, si te acercas a la ventana te lo contaré —susurraba el águila, tratando de no despertar a nadie más que al arpa.

El arpa, sorprendida ante la presencia de un águila en la ventana de su nuevo dormitorio, se acercó, no sin cierta desconfianza.

—Yo sé por qué lloras, sé lo que te pasa —y así el águila le contó cómo ella nació del sueño de los mejores músicos que ha habido sobre la tierra, cómo poco tiempo después fue raptada por el rey.

—Y por eso ahora lloras. Porque aunque eres la mejor arpa del mundo, aunque eres perfecta, así te construyeron, después de tanto tiempo obligada a sonar como el rey quería, te cuesta sonar como verdaderamente tú eres, como verdaderamente quieres.

El arpa, aún sin salir de su asombro, le respondió al águila:

—Águila, eres muy amable dedicándome toda esta preocupación y deteniéndote a contarme todo esto... pero, sin querer parecer grosera... no sé por qué tendría que creer esta historia sobre mi vida, esto de que procedo del sueño de unos sabios músicos, yo no los recuerdo, nadie me habló de ellos, yo siempre viví en el castillo del rey, yo no soy como tú dices que soy.

El águila, comprensiva, le replicó:

—Creo que hay algo que puedo hacer para que todas mis palabras cobren sentido dentro de ti y para que puedas creer por ti misma, sin necesidad de nada más, cada una de las explicaciones que te he dado. Sólo tendrías que dejarme que te llevara a un sitio esta noche, te traería de vuelta al amanecer. ¿Aceptas mi propuesta? —le planteó el águila al arpa—. No tengo ninguna duda de que toda esa incapacidad que sientes para emitir los sonidos que te gustaría desaparecería en segundos. Y sentirías, de inmediato, quién eres verdaderamente.

—Está bien, acepto tu propuesta. Llévame a ese lugar en el que podré comprobar la realidad de tus palabras y de la historia sobre mí que me has contado —concluyó el arpa.

Y, de ese modo, el águila entró en el dormitorio del arpa y la tomó con extrema delicadeza, empleando sus fuertes garras para sostenerla con seguridad pero, al mismo tiempo, con cuidado para no hacerle daño ni arañarla. Entonces echó a volar a un lugar muy lejano.

Tras dejar atrás la ciudad y surcar la oscuridad de la noche, el águila y el arpa llegaron al valle donde habían vivido los virtuosos de la música que la construyeron. Al lugar del que había salido la madera con la que la habían creado. Y, una vez finalizado el largo viaje, el águila, exhausta, depositó al arpa en el punto más bello del valle, entre sus árboles más antiguos, árboles padres y madres de aquellos que dieron la madera para construirla a ella.

Cuál fue la enorme sorpresa del arpa cuando comprobó que, nada más ser depositada sobre la hierba que cubría el suelo del bosque, empezó a sonar. A sonar con sus notas, con la música que ella sabía que podía emitir pero que no había conseguido expresar hasta justo ese preciso momento. Nadie había tenido que tocarla para que ella sonara, sus cuerdas no paraban de vibrar por sí mismas sin que ningún músico las pulsara. Estaba emitiendo los sonidos que siempre quiso pero que hasta ahora no le habían salido, a pesar de que en el fondo de su alma sabía que era capaz de esas melodías.

—Águila sabia, por fin estoy siendo yo, por fin soy capaz de expresar mi verdadera esencia. Por primera vez me siento plenamente a gusto para ser yo.

—Me alegra que hayas podido comprender al fin, arpa, pero ahora mi tiempo disponible para ti se acaba. Así que tenemos que emprender de nuevo el viaje de vuelta a la ciudad en la que vives —y volvió a tomar firme pero suavemente al arpa hasta que, como había prometido, antes del último rayo del amanecer la dejó en su dormitorio—. Arpa querida, utiliza ahora lo que has aprendido y descubierto esta noche —se despidió el águila.

Y a partir de ese momento el arpa pudo ser ella misma dentro de la orquesta y hacer sonar las más bellas melodías. No las que el rey le había obligado a tocar, sino las que ella quería.

5

Las emociones

¿QUÉ ES UNA EMOCIÓN?

Habitualmente, en nuestro día a día, solemos utilizar muy frecuente la palabra *emoción* y algunos otros conceptos que están relacionados: sentimientos, estados de ánimo, afectos, sensaciones, etcétera. Pero, aunque usemos tanto el concepto de "emoción", ¿realmente sabemos lo que es?

Siguiendo la definición de Mora y Sanguinetti, una emoción "es una reacción conductual subjetiva producida por la información proveniente del mundo externo o interno (recuerdos) del individuo. Además, se acompaña de fenómenos neurovegetativos". Nos gusta esta definición porque es muy clara y describe bien qué ocurre cuando nos emocionamos. De ella queremos destacar las siguientes ideas en relación con las emociones:

1. *Reacción.* Cuando nos emocionamos, reaccionamos, no damos una respuesta. La diferencia es que la reacción es automática, involuntaria, inconsciente y se lleva a cabo en décimas de segundo. En cambio, una respuesta implica conciencia y pensamiento, lo que significa que tardamos más en responder que en reaccionar. Piensa en la siguiente pregunta. ¿Tardas más en retirar la mano del fuego o en contestar un correo electrónico? Está claro que en dar respuesta a un correo electrónico. En el primer caso reaccionamos y en el segundo respondemos.
2. *Subjetiva.* Aunque estemos en la misma situación, no todos experimentamos las mismas emociones, motivo por el cual decimos que éstas son subjetivas y dependientes de la persona que las experimenta.

3. *Estímulos externos o internos.* Las emociones pueden experimentarse como consecuencia de algo que estamos viendo (película) u oyendo (música) o bien se pueden sentir como consecuencia de algo que estamos pensando, bien sea del pasado (recuerdos) o del futuro (ansiedad anticipatoria ante un examen o a la hora de tomar un vuelo transoceánico).

4. *Asociadas a fenómenos neurovegetativos.* Todas las emociones tienen como consecuencia una expresión a través del cuerpo. Así, por ejemplo, en la vergüenza notamos cómo nos sube un calor por la cara y nos sonrojamos. En el miedo se produce un aumento del ritmo cardiaco, en la rabia tendemos a apretar los puños y en la sorpresa se abren mucho más los ojos.

CARACTERÍSTICAS DE LAS EMOCIONES

Ya hemos definido qué es una emoción, pero ahora vamos a concretar una serie de características que las diferencian de otros procesos similares.

1. *Etimología.* Para empezar, veamos de dónde viene la palabra *emoción*. Etimológicamente hablando, proviene del latín *emovere*, que quiere decir "moverse hacia". Por lo tanto, las emociones nos invitan a realizar una conducta concreta, bien sea de aproximación o de defensa. Por ejemplo, el miedo me invita a la huida, mientras que la alegría me invita a compartir.

2. *Presentes desde el periodo prenatal.* Se ha observado a través de diferentes ecografías que los niños ya experimentan y expresan emociones básicas, como la alegría, el asco y la tristeza, desde el periodo prenatal. Por lo tanto, ya nacemos con una gama básica de emociones. No hace falta que le enseñemos a nuestros hijos a expresar las emociones.

3. *Subjetivas.* Como ya hemos adelantado, las emociones son subjetivas. Esto tiene importantes implicaciones prácticas. Imagina que estás viendo un partido de futbol con un amigo o amiga. Si consideras que una caída en el área es penalti pero el árbitro no lo señala, es posible que experimentes rabia. En cambio, tu amigo, que es partidario del equipo contrario, ante la misma

acción no considera que sea penalti y, por lo tanto, no experimenta rabia, sino todo lo contrario: alivio y alegría. Por lo tanto, aunque veamos el mismo acontecimiento, podemos tener emociones diferentes e incluso contrarias.

4. *Ocurren irremediablemente.* Continuando con el ejemplo que acabamos de poner, siempre que consideramos que una acción es injusta o algo o alguien nos impide la consecución de un objetivo aparece la rabia. No podemos hacer nada para que no aparezca la rabia. Tampoco podemos evitar que aparezcan la tristeza ni la alegría. Lo que sí podemos hacer es controlar la conducta asociada a la emoción. ¿Por qué esto es así? Porque las emociones son involuntarias, automáticas e inconscientes. Lo único que podemos controlar es la conducta voluntaria.

5. *Aparecen como consecuenciu u un estímulo externo o interno.* Las emociones pueden surgir como consecuencia de algo que experimentemos en un lugar concreto o bien como consecuencia de algo que estamos imaginando o pensando.

6. *Intensidad y duración de las emociones.* La gran mayoría de las emociones son muy intensas y tienen una vida muy corta. Son como las tormentas. ¿Saben cuánto dura en promedio una emoción? Los estudios científicos llegan a la conclusión de que las emociones duran en promedio unos noventa segundos, es decir, un minuto y medio.

7. *Relacionadas con la supervivencia.* Las emociones son necesarias para sobrevivir porque nos aportan información muy importante para evitar peligros y disfrutar de aquello que nos gusta. Por ejemplo, todo aquello que nos da miedo nos aporta información sobre potenciales peligros para nosotros.

8. *Acompañadas de sensaciones, pensamientos y acciones.* Cuando experimentamos emociones, mayormente suelen ir acompañadas de aspectos corporales (sensaciones), ideas o valores (pensamientos) y conductas concretas (acciones). Por ejemplo, cuando experimentamos la emoción de miedo, podemos notar una mayor tensión en las piernas (sensaciones), pensar que nuestra vida está en peligro (pensamientos) y salir huyendo de la situación temida (acción).

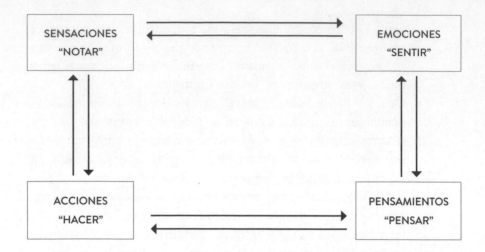

9. *Universales.* Todos los mamíferos tenemos y experimentamos emociones. Se ha comprobado que los seres humanos podemos experimentar y reconocer una serie de emociones básicas.

10. *Son contagiosas.* Todas las emociones son contagiosas, lo que quiere decir que si vemos a un amigo triste, es probable que nos inunde su tristeza. Lo mismo pasa con el miedo, la rabia y la alegría.

11. *Debemos aprender a diferenciar entre emoción y conducta.* Una cosa es una emoción (automática, involuntaria e inconsciente) y otra cosa, bien diferente, la conducta asociada a la emoción (voluntaria). Por ello todas las emociones deben ser validadas, legitimadas y aceptadas. Puedo entender y legitimar que estés enojado, pero no puedo justificar ni tolerar que me hayas pegado o faltado al respeto. Entiendo tu emoción, ya que es involuntaria, pero no tolero ni apruebo tu conducta.

EMOCIONES BÁSICAS

Todos los expertos en educación emocional están de acuerdo en que existe una serie de emociones básicas, pero no todos ellos llegan a un consenso sobre cuáles son. Algunos hablan de cuatro, otros de seis, de diez, etcétera.

Para ser expertos en educación emocional necesitamos ser capaces de identificar y regular las emociones básicas. Desde nuestro punto de vista, las emociones que debemos ser capaces de identificar y regular son las siguientes:

- Miedo
- Rabia
- Tristeza
- Alegría
- Asco
- Curiosidad
- Vergüenza
- Aburrimiento

CLASIFICACIÓN DE LAS EMOCIONES

Una vez más, existen diferentes clasificaciones de las emociones, pero con una en particular nos sentimos muy identificados. Es aquella que diferencia entre:

- *Emociones de aproximación*: estas emociones son las que nos invitan a aproximarnos a las personas, situaciones o estímulos que nos agradan. Aquí estarían emociones como la alegría, la curiosidad, el amor, etcétera.
- *Emociones de defensa:* nos aportan información valiosa de que un estímulo, situación o persona son potencialmente peligrosos. Así, por ejemplo, el miedo, la tristeza, el aburrimiento y la rabia son emociones de defensa.

EMOCIONES Y SENTIMIENTOS, ¿SON LO MISMO?

Decíamos al principio del capítulo que a veces consideramos algunos conceptos relacionados con las emociones como sinónimos. Aquí queremos hacer una distinción entre emociones y sentimientos. Podemos decir que un sentimiento es una emoción a la que se le suma una idea o pensamiento.

SENTIMIENTO = EMOCIÓN + PENSAMIENTO

Por ejemplo, me siento frustrado porque siento la emoción de rabia junto con la cognición o el pensamiento de "no puedo hacer nada para cambiar la situación". Es por ello que la frustración no es una emoción sino un sentimiento. Por lo tanto, los sentimientos tienen un componente cognitivo importante.

FRUSTRACIÓN = RABIA (EMOCIÓN) + "NO PUEDO CAMBIAR LA SITUACIÓN" (PENSAMIENTO)

Veamos otro ejemplo. La culpa es un sentimiento que puede estar formado por la emoción de tristeza unido a un pensamiento del tipo "debería": debería haberlo abrazado, debí haberlo escuchado, no debí decirle eso, etcétera.

CULPA = TRISTEZA (EMOCIÓN) + "DEBERÍA HABERLE LLAMADO POR TELÉFONO" (PENSAMIENTO)

Las emociones surgen en el sistema límbico, como veremos en el próximo capítulo, y, por lo tanto, son automáticas, involuntarias e inconscientes. Sin embargo, los sentimientos surgen más en el neocórtex, lugar donde se producen los pensamientos. Las emociones se ubican en el subcórtex y los sentimientos en el córtex.

CUENTO 5. EL JARDÍN DE LA VIDA

¿Por qué este cuento?

Dado que este capítulo está dedicado a las emociones y sus característi-cas, hemos querido crear un cuento que mostrara cómo a veces pueden aparecernos emociones que nos juegan malas pasadas. Emociones que pueden tener un origen lógico, por lo que habrá que legitimarlas, pero que deriven en hacernos pensar erróneamente sobre la realidad e inclu-so llevarnos a actuar de manera aún más errada.

Con el cuento queremos mostrar también cómo, con los pensamientos, podemos crear sentimientos mucho más ajustados a la realidad y manejar las emociones para que éstas no dejen de ser herramientas útiles y necesarias para nuestra adaptación, y evitar que se conviertan en respuestas disfuncionales.

Porque, ¿quién de nosotros no se ha visto alguna que otra vez desbordado por alguna emoción y, desde ese estado, ha pensado equivocadamente y ha tomado decisiones no muy acertadas?

En concreto, una de las emociones que puede causarnos muy malas pasadas es el miedo. Y a este miedo sobrecogedor que todos hemos podido sentir alguna vez y que, en algún momento, atacará también a nuestros hijos, le hemos dedicado este cuento. Con el objetivo, también, de entender que a todos nos puede avasallar alguna vez y de aprender que lo podemos vencer.

EL JARDÍN DE LA VIDA

A Elvira siempre le encantaron las flores de niña; después de su familia y amigos, no había nada en el mundo que le causara más felicidad que observarlas. Por eso cuando cumplió 18 años tuvo claro lo que quería estudiar: botánica para pequeños y medianos jardines.

Esta formación duraba dos intensos años en los que Elvira aprendió todos los secretos sobre cómo crecen las plantas y sobre cómo conseguir que generen las hojas del verde más intenso y las flores de los más vivos colores.

Elvira terminó su carrera hecha toda una experta en flores, decidida a dedicarse en cuerpo y alma a trabajar por y para ellas. Dio muchas vueltas a las opciones que pudieran permitirle combinar su pasión por la botánica con tener un trabajo y ser independiente, hasta que por fin se le ocurrió, tras muchas noches hablando con la almohada, crear su propia floristería-jardín.

Le pidió una pequeña cantidad de dinero a su familia para emprender su aventura. Dinero que pensaba devolver, una vez que su tienda diera beneficios, y con el que alquiló una casita con un patio delantero. En el patio construiría el jardín más hermoso que se hubiera visto en la ciudad y en la casa crearía una tienda donde poder comprar todo lo necesario para que los clientes construyeran por sí mismos jardines como el de su tienda.

Pensaba también utilizar la casita para dar talleres y charlas sobre botánica e intercambiar experiencias con otras personas apasionadas por los jardines.

Elvira trabajó durante tantos días y noches seguidos, que seguro perdió la cuenta de las lunas que habían pasado. Cuando, una mañana, despertó, fue a su tienda y comprobó que había logrado su sueño: tenía el jardín más hermoso de la ciudad.

Ésa era la mañana perfecta para inaugurar su tienda.

Abrió las rejas de la entrada, puso el cartel de ABIERTO, colocó unas galletas de bienvenida en el mostrador y se vistió el delantal y una radiante sonrisa.

El día fue un éxito, muchos clientes visitaron su tienda-jardín, compraron, la alabaron por el gran trabajo realizado, disfrutaron perfumándose con el aroma de las flores, se relajaron entre los colores de los pétalos y prometieron volver.

Y cumplieron su promesa. La tienda de Elvira estaba siempre llena de clientes, paseantes, turistas y curiosos que nunca salían indiferentes y que siempre abandonaban la tienda mejor de como habían entrado en ella.

Así pasaron los primeros meses de la tienda-jardín sin que Elvira se diera prácticamente cuenta de ningún problema.

Hasta que un día hubo tormenta.

Esa noche Elvira durmió mal, tuvo muchas pesadillas y se levantó asustada y angustiada sin saber muy bien por qué.

Cuando llegó a la tienda descubrió las secuelas del paso de la fuerte lluvia y del viento por sus flores. Ese día no abrió y sacó fuerzas de flaqueza, tras la mala noche, para arreglar su jardín. Con mucho esfuerzo lo consiguió una vez más. Al día siguiente pudo abrir porque había conseguido volver a dejar su tienda como ella quería que estuviera.

Pero, tras esa tormenta, la mente de Elvira y, especialmente, sus emociones con la tienda-jardín nunca volvieron a ser las mismas.

Elvira, al comprobar que algo tan hermoso, tan querido y que tanto esfuerzo le había costado crear podía estropearse, se asustó mucho y se angustió. Tanto que comenzó a tener cada noche una preocupación distinta.

El lunes tuvo pesadillas con que una plaga de pulgones infestaba todas las flores.

El martes, con que la tierra del jardín se llenaba de lombrices que se comían todas y cada una de las hojas de las plantas.

El miércoles, con que, dada la contaminación existente en su ciudad, caería una terrible lluvia ácida que corroería hasta el árbol más robusto de su jardín.

El jueves, con que se equivocaba al comprar los pesticidas y compraba uno demasiado potente que quemaba todas las plantas.

El viernes, con que los geranios desarrollaban un hongo súper agresivo y contagioso que, saltando de planta a planta, las aniquilaba a todas.

El sábado, con que un fin de semana fallaba el riego y todas las plantas se secaban.

Y el domingo, tras una semana soñando con desgracias, soñó con que caía un meteorito justo sobre su tienda y la arrasaba entera sin dejar ni un mínimo rastro de su existencia.

Tras toda una semana teniendo miedo, pensando y soñando guiada por él, con todas las posibles calamidades que en algún momento podrían atacar y dañar su precioso jardín, Elvira se vio completamente desbordada y dominada por la angustia y el terror.

La angustia y el miedo tomaron el control de su pensamiento y de sus decisiones llevándola a considerar, pasado un mes, que lo mejor era comprar un bidón de gasolina y quemar todo el jardín para dejar de sufrir con la angustia de todas las cosas malas que podían pasar en él. Para dejar de despertarse llorando por las noches.

La mañana que estaba dispuesta a terminar con su sufrimiento recibió en la tienda la visita de una de sus profesoras de botánica. Ésta, cuando vio el bidón de gasolina en la entrada de la tienda, se quedó perpleja sin alcanzar a comprender para qué podría quererlo Elvira.

Con cara de asombro entró en la tienda y se encontró a una Elvira desmejorada, ojerosa, carcomida por la angustia.

—Elvira, ¿qué te pasa?, venía a hacerte una visita y a deleitarme con el jardín del que toda la ciudad habla y lo primero que me encuentro son bidones de gasolina, lo siguiente a una Elvira que no es ni la sombra de la que yo recuerdo. ¿Puedes explicarme qué pasa? —preguntó, aún sin poder hacerse a la idea de cuál sería la explicación para todo esto.

—No puedo más, profesora Sandoval, llevo un mes sin dormir, sin poder descansar, asustada, angustiada por las preocupaciones de todas las cosas malas que pueden acabar con mi jardín, aterrorizada por todo lo malo que podría pasarle a mis plantas y flores —respondió Elvira—. He decidido que así no merece la pena tener un jardín, si no puedo mantenerlo perfecto, si no puedo mantenerlo alejado de cosas que lo dañen, que lo estropeen o que lo cambien. Así que he decidido prenderle fuego y acabar con toda mi angustia y ansiedad. No puedo seguir viviendo así —concluyó.

—Pero ¿qué son esas cosas terribles que le pueden pasar a tu jardín, Elvira? —le preguntó la profesora.

—Todo, le puede pasar de todo: pulgones, lombrices, lluvia ácida, pesticidas inadecuados, sequía, hongos y meteoritos —respondió.

—Meteoritos, ¿has dicho que a tu jardín lo podría atacar un meteorito?

—Sí, ¿quién descarta que eso pueda pasar?, los meteoritos caen sobre la tierra.

—Bueno, sí, podría ser... pero, Elvira, creo que no estás pensando adecuadamente, creo que la angustia y el miedo se están apoderando de ti, están hablando por ti y actuando por ti, lo cual puede llevarte a hacer cosas terribles de las que, estoy segura, luego te arrepentirías. Vamos a analizar esto con calma y sobre todo pensando con lucidez, alejando a la angustia y al miedo que no son buenos consejeros. Vamos a pensar racionalmente, ¿te parece?

Un poco más calmada, Elvira asintió con la cabeza dispuesta a escuchar a su profesora y entender su punto de vista.

—Elvira, las plantas de tu jardín pueden estropearse, sí, así es, la vida es así. Estamos sometidos a la posibilidad de sufrir pequeñas agresiones, problemas, adversidades, obstáculos que dificultan que todo sea perfecto en todo momento. Y tenemos que luchar constantemente contra esto.

"Esta dinámica forma parte de la vida, tu jardín tiene las más hermosas flores, pero también tiene el desafío constante de cuidarlas bien y mantenerlas. No puede ser un sitio estático y siempre perfecto, si fuera así no estaría vivo, sería una foto, una maqueta o el recuerdo de algo que ya no existe.

—Pero... no puedo soportar que los pulgones, las lombrices, la lluvia ácida, la falta de riego... acaben con toda la belleza que he creado y que tiene mi jardín, profesora, antes prefiero acabar con él —exclamó Elvira.

—Es que ni los pulgones, ni las lombrices ni la lluvia ácida ni nada acabarán con tu jardín. El día que haya pulgones en tu jardín te darás cuenta y ese día las hojas de las flores estarán feas, les echarás insecticida, al día siguiente seguirán feas, pero al tercer día volverán a estar tan hermosas como siempre.

"Como sabes que la tierra puede tener lombrices, te anticiparás a eso y tratarás la tierra nueva antes de echarla a las macetas y arriates como yo misma te enseñé y, de ese modo, no saldrán lombrices.

"Como sabes que puede haber tormentas, pondrás un toldo y no volverán las lluvias a romper tus flores.

"Cuando mucho tus plantas pueden estar dos días sin regar si se estropea el riego, y si están secas las regarás más y compensarás su sed volviéndolas a hacer florecer.

"No puedes detener la perfección de tu jardín, tienes que trabajar cada día por ello. Y, bueno, algún día puede pasar algo terrible, dudo que la caída de un meteorito, pero esas cosas terribles son tan improbables que no merece la pena amargarse los días pensando en algo que nunca llegará a pasar, para tener que lamentar luego, mirando atrás, que podías haber sido feliz, porque lo tenías todo para serlo y no lo fuiste. Si pasa algo terrible, pues pasó, y cuando llegue, si llega, lo afrontas, igual que hiciste el día de la tormenta.

"Tu jardín es como nuestro cuerpo, una máquina maravillosa y hermosa, que la mayor parte del tiempo está bien, eso no quita que de vez en cuando suframos pequeñas agresiones de virus y de bacterias que nos obligan a cuidarnos y defendernos de ellos, pero lo hacemos, los vencemos y todo lo malo se pasa y volvemos a estar perfectos.

"Tu jardín es como nuestro cuerpo y como la vida. Merece la pena vivirla y luchar, no preocuparse, llorar y renunciar a vivirla porque no pueda estar en un estado de perfección suspendido constantemente en el aire.

"Elvira, si has creado un hermoso jardín, puedes mantenerlo hermoso, sólo tienes que trabajar cada día y, mientras, ser feliz.

"¿Vienes conmigo a la gasolinera a devolver ese horrible bidón de gasolina que tu angustia y tu miedo trajeron hasta aquí?

6

Neuroeducación de las emociones y del apego

LA TEORÍA DEL CEREBRO TRIUNO

Hace ya más de medio siglo que el neurocientífico norteamericano Paul McLean desarrolló su popular teoría del cerebro triuno, también conocida como teoría de los tres cerebros. En ella McLean establece que el encéfalo se divide en tres grandes áreas con funciones muy delimitadas. La correcta armonía entre esas tres áreas depende de la corteza prefrontal, estructura muy desarrollada en el caso del ser humano y que nos diferencia del resto de los animales. McLean establece que esos "tres cerebros" son: el cerebro reptiliano, el cerebro emocional y el cerebro racional. Veámoslos de una manera más detenida.

EL CEREBRO REPTILIANO

Anatómicamente hablando, el cerebro reptiliano lo componen el tronco encefálico y el cerebelo. En dichas estructuras se codifican las funciones básicas necesarias para la supervivencia, es decir, alimentación, hidratación, sueño, regulación de la temperatura, atención básica, ritmo cardiaco, etcétera. Por lo tanto, una lesión, tumor o traumatismo en esta zona implica riesgo de muerte. Es el cerebro de los reptiles, que no sienten emociones ni piensan, simplemente actúan de manera refleja. Es el cerebro de los instintos y los reflejos. Por eso decimos que es el cerebro que actúa.

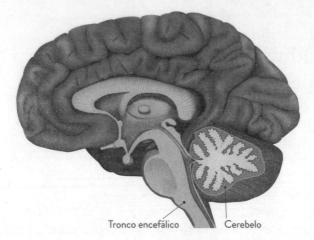

Tronco encefálico   Cerebelo

Desde antes del nacimiento, en concreto desde los tres meses de gestación, ya tenemos completamente desarrollado el tronco encefálico. Teniendo en cuenta que el tronco encefálico o tronco del encéfalo es básico e imprescindible para la supervivencia, tiene todo el sentido que ya esté formado desde antes de nacer. Como dice nuestro admirado Boris Cyrulnik, "venimos al mundo mucho antes de nacer".

Cuando nuestro cerebro reptiliano detecta que existe un peligro real se pone en marcha una de las tres siguientes acciones de manera inconsciente con el objetivo de salvar la vida:

- *Lucha*: nos aferramos a la vida desde la lucha.
- *Huida*: en ocasiones, lo más adaptativo y efectivo es la huida.
- *Parálisis*: sin embargo, hay veces que quedarse quieto e inmóvil es lo más efectivo.

Es lo que los ingleses llaman las tres efes: *fight, fly or freeze*. Imagina que estás cruzando un paso de cebra cuando, de repente, ves que un camión se acerca de forma rápida en tu dirección sin percatarse de que estás ahí. En ese momento, de manera automática, se pondrá en marcha alguna de las reacciones que estamos comentando para intentar salvar la vida. El cerebro reptiliano no te asegura al cien por ciento tu supervivencia en las situaciones de peligro, pero por su rapidez y efectividad, claro que aumenta las probabilidades de salir con bien.

EL CEREBRO EMOCIONAL

Sobre el cerebro reptiliano se forma el cerebro emocional, cuya estructura anatómica se corresponde con el sistema límbico. El sistema límbico lo compone un conjunto de estructuras tan relevantes para nuestra salud mental y nuestra adaptación como son la amígdala cerebral, el hipocampo, el núcleo Accumbens, el hipotálamo, etcétera.

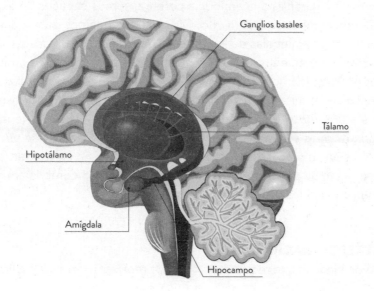

Las cinco funciones básicas del sistema límbico, metafóricamente denominado cerebro emocional, son:

- *Memoria básica*: cuya sede se encuentra en el hipocampo.
- *Aprendizajes básicos*: como el condicionamiento clásico y el condicionamiento instrumental u operante.
- *Emociones*: en el sistema límbico surgen las emociones; ahí nacen, pero no es aquí donde se regulan. Como veremos después, las emociones se regulan en la corteza prefrontal.
- *Apego*: sólo los mamíferos tenemos vínculos de apego con nuestras crías o descendencia.
- *Sociabilidad*: la necesidad de relacionarnos con los demás y de sentirnos protegidos por los demás también está codificada en el sistema límbico.

Una de las estructuras que mayor importancia tiene es la amígdala cerebral. En ésta nacen las emociones, sobre todo las emociones de defensa (miedo, rabia, tristeza, etcétera). Como ya hemos comentado, no existen emociones positivas ni negativas, existen emociones que son agradables (*aproximación*) y otras que son desagradables (*defensa*). Todas las emociones son positivas en el sentido de que son necesarias para la supervivencia. Gracias a la amígdala cerebral somos capaces de experimentar emociones como el miedo. Ojo, no confundamos la amígdala del cerebro con las amígdalas de la garganta que a muchos de nosotros nos extirparon de pequeños. ¿Qué sucedería si nos extirpasen la amígdala cerebral? Pues iríamos encaminados a morir. Sin emociones desagradables como el miedo, no tendríamos sensación de peligro y eso nos llevaría a la muerte tarde o temprano. De hecho, esta experiencia se hizo con ratones a los que se les extirparon sus amígdalas y se vio que, cuando veían un gato, se acercaban a él, puesto que no existía sensación ni percepción de peligro. Por lo tanto, tanto el miedo como la amígdala son imprescindibles para la supervivencia.

EL CEREBRO RACIONAL

En último lugar, lo que recubre el complejo reptiliano y el sistema límbico es la estructura que se conoce como cerebro racional, que anatómicamente se corresponde con el neocórtex o neocorteza. Por simplificarlo mucho, podríamos decir que el neocórtex se va a dividir en dos grandes zonas: la corteza prefrontal y los lóbulos parietal, temporal y occipital. En la *corteza prefrontal* llega toda la información del resto del encéfalo (instintos, reflejos, emociones y pensamientos) para que, de manera consciente, podamos dar una respuesta lo más adaptativa posible. En cambio, los lóbulos parietal, temporal y occipital son lo que conocemos como memoria a largo plazo. Es ahí donde almacenamos toda la información. Se calcula que en estos tres lóbulos tenemos conocimiento de unas 75,000 palabras. Por lo tanto, el cerebro racional es el cerebro que piensa, almacena y ejecuta.

Se utiliza muy frecuentemente la metáfora del director de orquesta para describir las funciones de la corteza prefrontal. Decíamos que dicha estructura recibe información del resto del encéfalo (instintos, emociones, ideas), pero para que la conducta sea lo más adaptativa posible, es necesario que el director de orquesta haga bien su trabajo. Por lo tanto, para que suene bien la orquesta es tan necesario que las diferentes secciones (de percusión, de viento, de cuerda, etcétera) hagan bien su labor como que el director de orquesta sea capaz de coordinarlos de manera armónica.

¿Qué sucedería si realizáramos una ablación del lóbulo frontal, es decir, si extirpáramos quirúrgicamente dicha estructura donde albergamos la corteza prefrontal? Fernier (1876) realizó ablaciones del lóbulo frontal en monos y vio que les provocaba inquietud motriz y bajos niveles de concentración y perseverancia. Podemos concluir que tanto el lóbulo frontal como la corteza prefrontal tienen relación con la autorregulación y el autogobierno de la persona. El lector interesado en seguir ahondando en este tema fascinante puede estudiar el famoso caso de Phineas Gage.

Decíamos antes que las emociones nacen en el sistema límbico, pero aquí añadimos que el control o la regulación emocional se produce en la corteza prefrontal. La regulación de las emociones no es algo con lo que nazcamos, sino que es necesaria cierta madurez del cerebro, así como aprendizaje y experiencia. Por lo tanto, no necesitamos aprender a expresar la alegría, pero sí necesitamos aprender a regularla.

EL CEREBRO EN TU MANO

Si nos damos cuenta, el cerebro reptiliano y el emocional son cerebros automáticos, involuntarios, reactivos, rápidos e inconscientes, motivo por el cual se les llama *cerebros calientes*. Sin embargo, la neocorteza (cerebro racional) es un *cerebro frío*, ya que es más consciente y, por lo tanto, en vez de reaccionar da respuestas, por lo que es más lento pero más consciente.

Algunas patologías o trastornos, como el trastorno por déficit de atención con hiperactividad (TDAH), se deben no a una inmadurez o mal funcionamiento de los cerebros calientes, sino, más bien, de la corteza prefrontal (cerebro frío). Existe dificultad para gestionar de manera armónica y adaptativa los instintos, las emociones y los pensamientos. Hay un problema con el director de orquesta (corteza prefrontal).

Podríamos decir que la verdadera felicidad, armonía y tranquilidad está en la correcta coordinación de los tres cerebros (instintos, emociones y pensamientos). Si nuestro director de orquesta es capaz de gestionarlos bien, conseguiremos esa armonía. También debemos ser conscientes de que es imposible estar constantemente en armonía.

El psiquiatra de la Universidad de California en Los Ángeles Daniel Siegel utiliza un símil para entender mejor la relación entre los tres cerebros. Lo denomina *el cerebro en tu mano*.

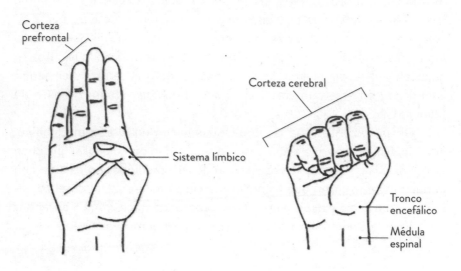

Según Siegel, la palma de la mano simbolizaría el cerebro reptiliano, donde codificamos los instintos y reflejos. El dedo gordo sería el sistema límbico (cerebro emocional), donde, como ya hemos comentado, ocupan un lugar central las amígdalas cerebrales (emociones de defensa). Los restantes cuatro dedos simbolizarían la neocorteza, es decir, el cerebro racional o pensante. En concreto, los dedos anular y cordial representarían la corteza prefrontal (director de orquesta). Esperamos que el cerebro en tu mano te sirva para entender mejor la relación entre los tres cerebros. Es muy útil no solamente para nosotros, sino también para explicárselo a nuestros hijos y alumnos para que entiendan su comportamiento y cómo funciona y se relaciona el cerebro.

CUENTO 6. LA TRIPULACIÓN CEREBRAL

¿Por qué este cuento?
En este capítulo has realizado una aproximación a la estructura de nuestro sistema nervioso. Con este cuento hemos querido ejemplificarla metafórica y sencillamente, con los objetivos de facilitar la comprensión del funcionamiento y funciones de cada una de esas partes, así como de mostrar los problemas que podemos tener en nuestra vida cotidiana cuando alguna de ellas no se ha desarrollado suficientemente bien.

Creemos que este acercamiento sencillo y metafórico también puede permitir que los niños y niñas entiendan mejor su cerebro y ayudarles con eso a gestionar algunos conflictos emocionales.

Incluso a nosotros mismos como profesionales del ámbito educativo y psicológico a veces nos puede ayudar contar con imágenes sencillas con las que visualizar, de una manera resumida, las dificultades de aprendizaje y comportamiento de los niños y niñas con los que trabajamos, y, especialmente, su origen.

Así, hemos elegido un barco con su tripulación para representar el sistema nervioso. Hemos escogido a un camaleón que vive en la bodega del barco para representar nuestro cerebro reptiliano. A una musaraña que vive en la zona de los camarotes para representar nuestro sistema límbico; en esta parte del barco hay múltiples aposentos en los que puede adentrarse la musaraña y quedarse: el camarote de la felicidad, el camarote de la tristeza, el del miedo, el de la frustración, el del yo soy capaz de todo, el del nada me afecta, el de la soledad, etcétera... Camarotes que la musaraña puede dejar con las puertas abiertas o puede cerrar para que no se escape lo que vive dentro de él.

Por último, hemos elegido a un inteligente delfín para representar la corteza cerebral. Este delfín es el encargado de llevar el timón del barco y, finalmente, dirigirlo al destino al que quiere llegar.

Pues ésta es nuestra tripulación, el cerebro es el barco... ¿Vienes de viaje con nosotros para terminar de conocerlos mejor?

LA TRIPULACIÓN CEREBRAL

Ximena aclaraba el último matraz bajo el grifo; el resto de sus instrumentos: probetas, cristalizadores y el mortero de vidrio, se secaban sobre la encimera, cuando sonaron unos golpecitos.

La puerta se entreabrió y Martín se asomó con timidez, sin soltar la mano de su madre.

—Abuela, ¿podemos pasar? —preguntó.

—Claro, Martín, pasen, los estaba esperando —respondió Ximena mientras colocaba el matraz junto al resto del instrumental ya limpio.

—¿Te interrumpimos, mamá? Hemos llegado antes de lo esperado, el tráfico iba muy bien —preguntó Irma, su hija.

—Para nada, ya he terminado por hoy y justo acabo de limpiar todo el instrumental.

Martín observaba asombrado las máquinas y artefactos cuidadosamente ordenados sobre las largas repisas del laboratorio. A sus nueve años, era la primera vez que lo visitaba y, sin duda, le estaba pareciendo un lugar fascinante.

—Martín, Martín, Martín, hijo, escúchame que te estoy hablando —le insistió Irma, intentando que el niño la escuchara y saliera de su embelesamiento.

—¿Sí, mamá? —le respondió finalmente.

—Te decía que me voy a marchar. Como te expliqué esta mañana, tengo que ir al dentista. Pasarás la tarde con la abuela, que te cuidará hasta que yo te recoja en la noche en su casa. ¿Está bien?, ¿me prometes que te portarás bien?

—Sí, mamá —respondió, volviendo a dirigir su mirada hacia las máquinas.

—Gracias, mamá —le dijo Irma a la abuela—, me marcho, pues, a ver si no encuentro mucho tránsito.

—Claro, hija, vete, yo cierro aquí y me llevo al niño a merendar. Te espero luego en mi casa; que el dentista no te haga mucho daño. Martín: dile adiós a mamá.

—Adiós, mamá —dijo sin mirarla—. Abuela, ¿para qué sirven todas esas cositas de cristal que tienes aquí y qué haces con todas estas máquinas? —preguntó lleno de curiosidad.

—Son para estudiar el cerebro. Me dedico a estudiar sus partes, cómo funcionan y cómo se comunican entre sí.

—¿Nuestro cerebro tiene partes, abuela?

—Sí, tiene tres partes que funcionan muy coordinadas entre sí para que consigamos llegar a buen puerto en todas nuestras tareas.

—¿Para llegar a buen puerto, como los barcos?

—Pues sí: el cerebro es un poco como un barco. Pero... un barco muy especial, con una tripulación también muy especial.

—¿Cómo es esa tripulación, abuela? Cuéntame cómo funcionan esas tres partes del cerebro —pidió con interés el niño.

—Si quieres nos podemos sentar en los bancos altos y te lo explico, aquí, al lado de las máquinas con las que estudiamos las neuronas.

—¿Neuronas?, ¿qué son las neuronas, abuela?

—Las neuronas son los tablones con los que está construido el barco. Y las tres partes del cerebro son la bodega, la zona media de los camarotes y la cubierta donde está el timón y los mástiles con las velas. En cada una de esas tres estancias habita un miembro de una peculiar tripulación. En la bodega vive un camaleón, un curioso reptil que, como sabes, cambia de color en función de las características del hábitat en el que esté. En los camarotes está una musaraña; nuestro barco cerebral tiene muchos camarotes: uno por cada una de las emociones que podemos experimentar. Y en la cubierta va el capitán, un inteligentísimo delfín.

—¿Un camaleón, una musaraña y un delfín son la tripulación de nuestro cerebro? —preguntó Martín con aún más asombro.

—Así es, ésa es la tripulación que dirige el barco que es nuestro cerebro.

—Y ¿cómo se organizan entre tres animales tan diferentes para que el barco vaya bien?

—Bueno... si los niños son bien tratados, mientras el barco está atracado en el puerto de la infancia los animales se desarrollan bien. En la adultez, cuando llega la hora de navegar, tendremos tripulantes capaces de comunicarse entre sí, de trabajar en equipo y viajar seguros hacia destinos muy interesantes. Pero si a los niños no se les trató adecuadamente, sus animales cerebrales no se convierten en buenos marineros. Te lo explicaré.

La neurocientífica se transformó en cuentacuentos para acercarle a su nieto los hallazgos de sus experimentos, por los que había obtenido el respeto de la comunidad científica internacional.

—Verás, Martín, aún hay niños que pasan hambre, frío; que pasan miedo porque sus papás los regañan con excesiva dureza o porque pasan largos ratos sin que los atiendan. Esos niños no descansan bien y, sobre todo, viven sin horarios, sin orden en las actividades diarias. Todo esto hace que su camaleón se convierta en un ser muy fiero y con muy poca capacidad de control. Ya de adultos, tendrán grandes problemas para llegar a buenos destinos o al destino concreto al que les gustaría llegar. El fiero camaleón le complica mucho la vida a la musaraña y, sobre todo, al delfín, que no puede con él.

”Cuando el fiero camaleón, por ejemplo, ve que no tienen suficiente comida en la bodega, empieza a metérsele dentro de la piel ese vacío que siente a su alrededor y le escuece el cuerpo, irritándolo tanto que comienza a revolverse y caminar frenético en las profundidades del barco. El movimiento del camaleón afecta la estructura del navío. Si en ese momento la musaraña está en el camarote de la ilusión, decidiendo a qué isla ir esa tarde: si a la de los deportes, a la de visitar amigos o a la isla biblioteca, el camaleón y su irritación hacen que la musaraña se meta inmediatamente en el camarote del enojo. El delfín, intentando terminar su trabajo diario en la cubierta, siente las sacudidas del camaleón y de la musaraña y tiene que dejar todo para ir a buscar comida. Alguna vez ha sucedido que, si el camaleón es muy, muy fiero, el delfín ha llegado a ordenar atacar a otro barco cercano para saquearle la comida. Tener un camaleón que no regula bien los cambios en su piel a causa de los cambios ambientales complica mucho la navegación cerebral.

—Abuela, ¿y qué haría un camaleón si fuera un buen marinero en el caso de no tener comida en la bodega?

—Si a los niños se les da el suficiente alimento emocional, basado en cariño y cuidado, y la suficiente comida, siempre a sus horas, ayudándolos a diferenciar lo que realmente necesitan de las golosinas —que les agrada mucho comer—, llegarán a tener un camaleón bien regulado. Sobre todo, si se hace lo mismo con el descanso, facilitándoles un reparto equilibrado entre actividad y reposo. También si se hace lo propio con la atención, haciéndoles caso cuando tienen una necesidad y ayudándolos a aprender también a hacer caso. Si todo esto ha pasado, el camaleón niño se convertirá en un camaleón adulto que cuando no tenga comida en su despensa notará en la piel el cosquilleo del hambre y mudará su color a un tono pálido que indica que necesita alimento. Con este color irá a saludar a la musaraña; la tonalidad de su piel será lo suficientemente delicada como para no deslumbrarla, de modo que ésta podrá seguir transitando con libertad por los camarotes emocionales. Este tipo de camaleón subirá tranquilamente a la cubierta a hablar con el delfín para advertirle de la falta de víveres. El delfín, mirando bien la piel del camaleón, decidirá si tiene que detener su actividad para conseguir comida o si pueden esperar un poco a que él termine lo que ésta haciendo. De ser así, le facilitará al camaleón una confortable hamaca para que espere tranquilo hasta que puedan conseguir comida, y éste esperará el tiempo necesario.

—Abuela, y ¿cómo es mi camaleón?

—Creo que es muy buen marinero, porque estamos aquí sin parar de hablar de cosas científicas y, si te das cuenta, aún no has merendado. Así que considero que mi delfín tiene que ayudar un poco al tuyo, que aún está en desarrollo, para organizar una merienda con la que cuidar de tu camaleón. ¿Quieres? Tengo galletas y un poco de leche en el refrigerador; podemos ir a la salita en la que comemos los investigadores y después volver aquí para seguir con nuestros animales. ¿Te parece?

—Me parece sensacional, abuela, merendemos y luego me cuentas de las musarañas.

Y así hicieron: fueron al comedor de los investigadores, devoraron galletas y leche, y Ximena, una las grandes jarras de café a las que estaba acostumbrada. Con el estómago bien lleno, regresaron al laboratorio. Una vez sentados en los altos bancos, sonó el teléfono. Ximena respondió: era el responsable del almacén que les suministraba los productos químicos que necesitaban; había olvidado llamar por la mañana.

—Martín, cariño, espérame un momento, tengo que hacer el pedido mensual del laboratorio, no me llevará más de cinco o diez minutos.

—De acuerdo, abuela, ¿me dejas algo para pintar?

—Claro, toma estas hojas y plumas —respondió acercándole hojas en las que hacía sus cálculos. Poco después volvió—. Ya terminé la llamada, Martín, prosigamos. ¿Por dónde íbamos?

—Por las musarañas, abuela. Primero mira mi dibujo, he dibujado tu laboratorio.

—¡Oh!, me encanta. Volvamos con las musarañas, entrañables y emotivos animales. Las musarañas viven en los camarotes emocionales. Cuando un niño es bien tratado y se le permite emocionarse no diciéndole cosas como: ¡no llores!, ¡no hay que ponerse así!, ¡no estamos ahora para atender tus tonterías!, es decir, cuando se le ayuda a identificar lo que siente y a calmarse cuando él no puede hacerlo, su musaraña se desarrolla bien. Crece bien porque suele vivir en camarotes de emociones positivas y otros ratos vive en el camarote del desarrollo de la tolerancia a la frustración.

—¿Qué hacen mal las musarañas que no se han podido desarrollar bien, abuela?

—Depende de qué tan mal se haya tratado al niño. Veamos las opciones que más abundan entre los cerebros de las personas.

"Si, por ejemplo, cuando al niño que necesita alivio emocional se le atiende unas veces sí pero otras no, para unas cosas sí, excepcionalmente bien, pero para otras no, excepcionalmente mal, su musaraña estará siempre muy activa, muy excitada. Por ello, cada vez que se ilusione con algo o le guste algo, subirá corriendo a la cubierta a hablar con el delfín. Hablará y hablará, le dará muchos detalles de lo que quiere, de lo maravilloso que es lo que desea y de la enorme ilusión que tiene. Pero esa musaraña hablará tanto y tan caóticamente que confundirá al delfín. Lo aturdirá y éste no podrá dirigir acertadamente el barco a la isla a la que quiere llegar la musaraña, navegarán perdidos en zigzag. A ratos, en lugar de bogar con esfuerzo en las dificultades del océano y trabajar contra ellas para llegar a su destino, el delfín y su musaraña anclarán el barco en mitad de la nada para soñar despiertos al sol, tumbados en la cubierta del barco. Este tipo de musaraña es incapaz de quedarse en el camarote del esfuerzo, estará todo el tiempo entrando y saliendo del camarote de la alegría al de la ilusión y pasará grandes temporadas en el de las ensoñaciones. Los barcos con ese tipo de musaraña no consiguen alcanzar la isla donde se estudia algo que les gusta, ni aquella en la que se aprende a tocar el instrumento que les agrada, a aprender el deporte que prefieren, desarrollar una afición que les atrae...

"Si, en otro de los casos, los niños fueron desatendidos durante muchas horas por los adultos que debieron cuidarlos, estar pendientes de sus tristezas, sus agobios y sus preocupaciones, su musaraña desarrolla un comportamiento peculiar. Un comportamiento condicionado por su paso de camarote a camarote. La musaraña de estos niños pasaba mucho tiempo en el camarote de la tristeza, y, a punto de mudarse al de la soledad, al niño le hacían caso, podía trasladar su musaraña, no por mucho tiempo, pero al menos un rato, al camarote de la alegría. En la adultez, el comportamiento de esas musarañas es el siguiente: cuando tienen un sueño, una ilusión o una meta, en lugar de hablar con el delfín para ayudarlo a centrarse en trabajar duro para conseguirla, lo que hacen es subir a cubierta para convencer al delfín de que busque otros barcos y así poder hablar con otra musaraña de sus sueños. Estas musarañas se conforman con hablar de lo que aman con otras musarañas.

—Entonces, abuela, como los anteriores barcos, los que tienen esas musarañas tampoco llegan a la isla donde se estudia algo que te gusta, ni a la isla en la que se aprende a tocar el instrumento que te encanta, a aprender el deporte que practicas con alegría...

—Efectivamente, Martín, no llegan a esas islas, ni tampoco llegan a la isla de la autonomía, ni a la isla de la autorrealización, ni a la isla del desarrollo de los propios potenciales, ni a la isla de construir un poquito, al menos, de aquello que amo hacer o de aquello para lo que soy muy bueno. Esas musarañas pasan demasiado tiempo en el camarote de *necesito compañía* o de *necesito que otros me atiendan y cuiden.*

—Me dan un poco de pena esas musarañas, abuela.

—Sí, a mí también; bueno, verdaderamente me dan pena los adultos que tienen ese tipo de musarañas en su cerebro.

—Abuela, y ¿cómo sé que mi musaraña está bien y habla adecuadamente con mi delfín?

—Tu musaraña está muy bien desarrollada, Martín, créeme; de no estarlo, jamás habrías podido esperar con tanta tranquilidad que yo hiciera mi pedido, consiguiendo incluso distraerte tú mismo con una actividad que te gusta.

—Me pregunto ahora si hay barcos en los que las musarañas hablen poco con su delfín.

—Uy, sí, claro. Eso también es terrible. A algunos niños nunca se les dio suficiente alimento emocional, aunque sí muy buenos alimentos y cuidados para su camaleón. Esos niños eran siempre castigados de algún modo, retirándoles la atención, diciéndoles algo negativo sobre ellos cuando su musaraña entraba en el camarote de la tristeza o en el de la inseguridad, en el de la vulnerabilidad, en el de la angustia o en el del miedo. Sólo se les trataba con cariño y reconocimiento cuando la musaraña entraba en el camarote de *yo soy capaz de todo, nada me da miedo, yo soy duro.* Esos niños se convertirán en adultos con una musaraña muy silenciosa, que pasa mucho tiempo en el camarote del silencio, que sube muy poco o apenas nada a cubierta.

—Y ¿esos adultos llegan a buenas e interesantes islas, a las islas a las que quieren llegar, abuela? —preguntó intrigado Martín.

—Pues sí, estos adultos, como dejan a su delfín trabajar, suelen ser muy buenos en navegación, en resolución de tareas en el océano de la vida. Pero su problema es que llegan a esas islas con los camarotes de la alegría, la pasión, el amor, la ilusión, la certidumbre cerrados con llave, mientras su musaraña está en el camarote de "esto es lo normal", por lo que emocionalmente no disfrutan mucho de aquello que consiguen.

—Tampoco me parece una buena opción.

—No lo es, sin duda. La mejor opción, Martín, es tener a toda nuestra tripulación equilibrada y capaz de hacer su trabajo de manera coordinada, permitiendo el trabajo de los demás. Es decir, tener un camaleón que identifique nuestras necesidades físicas pero que sepa postergar su satisfacción para el momento apropiado. Que sepa descansar y disfrute del reposo, pero que no quiera abandonarse a él, que lo combine con la ejecución de la actividad que necesitamos para resolver nuestras tareas cotidianas y problemas. Que también sepa esforzarse y trabajar aun cansado en las situaciones en las que se necesita llegar a una meta muy difícil y es mejor descansar tras haberla conseguido. Lo óptimo es tener una musaraña capaz de ir al camarote de la emoción acorde con el momento que se esté viviendo. Que se quede en él paladeándola, si es una emoción positiva. Y que si es negativa también se quede lo suficiente en ese camarote para entender qué le pellizcó el corazón, para luego cerrar la puerta e irse al camarote del desahogo y, finalmente, al del enfrentamiento y por último al de la distracción. Una musaraña que oriente al delfín y lo motive, pero que no lo descentre, lo sature o confunda. Una musaraña que potencie la capacidad de pensamiento y reflexión del delfín. Éstos son los tripulantes perfectos, Martín.

—Y ¿qué es lo más grave que has visto en los barcos cerebrales, abuela?

—Lo más grave... Sin duda, lo más grave que he visto ha sido a personas a las que les impidieron que su camaleón se desarrollara ni un poco. De niños, a estas personas se les hizo vivir en un ambiente tan aterrador que las funciones de su camaleón se bloquearon, de tal manera que su piel perdió la capacidad de detectar lo exterior y que, además, el propio camaleón le impedía a su piel cambiar en función del ambiente. Con un camaleón así, el delfín no se daba cuenta de cosas tan básicas como que su camaleón estaba a punto de desfallecer de cansancio o terriblemente enfermo. Pero afortunadamente esto pasa muy pocas veces.

"Y... ahora, Martín, mi musaraña acaba de entrar en el camarote de la responsabilidad y de los compromisos adquiridos y acaba de salir del camarote del entusiasmo de compartir, para avisarle a mi delfín que tenemos que recoger e ir a casa. Tu madre llegará allí en menos de media hora y no estaría bien que no nos encontrara.

—Claro, pero mi delfín quiere seguir pensando aún unos cuantos días en todo lo que me has explicado hoy, porque mi musaraña está en la habitación de la ilusión de aprender.

—Pues seguiremos haciendo que nuestros cerebros naveguen juntos —concluyó Ximena, tomando su bolso y caminando con su nieto de la mano hacia la puerta del laboratorio.

7

La importancia del equilibrio mental

EN BUSCA DEL EQUILIBRIO

El ser humano necesita el equilibrio y la calma para desarrollarse de manera adecuada y sentirse seguro en diferentes contextos. Los griegos llamaban a esto *homeostasis*. Por lo tanto, los niños y los adolescentes, como los adultos, precisan de contextos de protección y seguridad para estar en equilibrio mental y, así, aprender, evolucionar y desarrollarse como personas. Cada vez que alguna noticia nos impacta emocionalmente, se produce un desajuste en ese equilibrio, es decir, se rompe la homeostasis. Y cuando esto se da, el niño y el adulto tienen la tendencia a restaurarla. Por lo tanto, tendemos al equilibrio.

Me gusta utilizar la metáfora del sube y baja para explicar esto. Cada vez que estamos en calma es como si el sube y baja estuviera equilibrado, sin que predomine ninguno de los dos lados, es decir, no hay ningún desequilibrio. En cambio, cuando experimentamos una situación que nos afecta, como puede ser sentir miedo, rabia o euforia ante determinada noticia, el sube y baja se desequilibra y cae sobre uno de los lados. Esto supone que se ha roto la homeostasis y, por lo tanto, nuestra psique va a intentar, desde el primer momento, restablecer dicha armonía. Esto no sólo ocurre en lo emocional, sino también en otros aspectos de la vida: alimentación, hidratación, cognición, etcétera.

Por ejemplo, si tenemos hambre, nuestro organismo tiende a buscar comida. Si tenemos sed, tratamos de hidratarnos. Y si alguien nos ha dicho algo que va en contra de lo que sabíamos, pensábamos o teníamos entendido, se produce una disonancia cognitiva cuyo propósito consiste en buscar, de una u otra manera, el equilibro nuevamente.

Para poder explicarles a nuestros hijos por qué se ha roto el equilibrio o cómo podemos recuperarlo, debemos utilizar los cuatro siguientes elementos que desarrollaremos de manera más detenida: sensaciones, emociones, pensamientos y acciones.

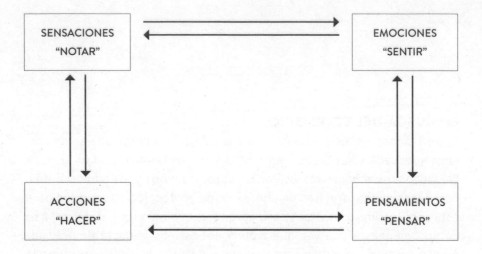

SENSACIONES

Las sensaciones se refieren a las diferentes respuestas del cuerpo que se activan o inhiben cuando experimentamos una emoción concreta. Generalmente, cuando hablamos de sensaciones solemos utilizar el verbo *notar* u otros similares. Así, por ejemplo, cuando sentimos la emoción vergüenza notamos cómo la cara nos arde y nos ponemos rojos; cuando sentimos rabia notamos cómo apretamos los puños, y cuando sentimos alegría, lo que nos ocurre corporal o somáticamente es que el corazón nos late bastante más deprisa. Por lo tanto, es necesario que atendamos las señales que nos da nuestro cuerpo para poder asociar a dichas señales una emoción con la que suele ir acompañada.

EMOCIONES

Como ya hemos visto, las emociones son reacciones que surgen en nuestro sistema límbico y que nos aportan información valiosa sobre el contexto o situación en la que nos encontramos. Es importante que cuando nuestros hijos la estén pasando mal o no entiendan lo que les pasa, seamos capaces de comprender qué emoción están experimentando y se lo digamos. No es lo mismo sentir miedo que tristeza. Ante esa situación de caos e inestabilidad, debemos etiquetar o nombrar la emoción que están sintiendo nuestros hijos. Así, frases del tipo "Esto que estás sintiendo se llama miedo" o "Estás rabioso porque tu hermana no quiere jugar contigo" ayudan a reducir la intensidad de la emoción que está experimentando el menor. Esta sencilla estrategia, que desarrollaremos más adelante, se llama *nombrar para dominar*. Aquí vemos la gran importancia de llamar a cada emoción por su nombre (*etiquetar*).

PENSAMIENTOS

Es muy frecuente y normal que cada vez que experimentamos una emoción esté asociada a una idea, una cognición o un pensamiento. En la gran mayoría de las ocasiones, ese pensamiento suele ser negativo o desadaptativo. Por ejemplo, cuando tenemos miedo solemos pensar algo parecido a "Me puede hacer daño", "Lo voy a hacer mal", "Estoy haciendo el ridículo", "Se reirán de mí", etcétera. Son ideas muy relacionadas con la emoción de miedo. Sin embargo, en la emoción de alegría pueden surgir pensamientos del tipo "Soy un fuera de serie" o "Qué bien lo haré". Como podemos comprobar, los pensamientos asociados a emociones pueden estar enfocados tanto en el pasado como el presente y el futuro. Uno de los aspectos que debemos tener en cuenta es que, la mayor parte de las veces, la emoción es la primera chispa que se enciende y los pensamientos tienden a darle sentido a dicha chispa emocional. Como se suele decir habitualmente, la emoción decide y la razón justifica.

ACCIONES O CONDUCTAS

En último lugar, debemos prestar atención e incluir en nuestra narrativa las acciones o conductas que llevamos a cabo. Como ya vimos, el concepto "emoción" viene del latín *emovere* y significa "moverse hacia". Por ello se hace imprescindible que hablemos con nuestros hijos de la conducta. Podemos utilizar frases del tipo "Empujaste a tu hermana porque estabas muy rabioso" o "Me has abrazado con tanta fuerza porque estabas realmente contento por la noticia". Todas las emociones nos invitan a llevar a cabo un conducta, ya sea de aproximación o de defensa. Así, la rabia nos invita a agredir, el miedo a huir, la alegría a compartir, el asco a alejarnos de aquello que es potencialmente peligroso y la tristeza a retirarnos y reflexionar, etcétera.

CONCLUSIONES

Para concluir, si todo lo expuesto en este capítulo lo asociamos con el capítulo anterior de neuroeducación, podremos ver una importante relación. Cuando hablamos de sensaciones, estamos hablando del complejo reptiliano; cuando les explicamos a los niños la emoción que estamos experimentando, tenemos activo el sistema límbico (cerebro emocional); cuando les preguntamos por lo que han pensado o les decimos los pensamientos o ideas típicas de cada emoción, estamos haciendo alusión al cerebro racional o neocórtex, y, por último, cuando hablamos de las acciones o conductas que llevaron a cabo, estamos hablando, ni más ni menos, que de la corteza prefrontal. Por lo tanto, la relación entre sensaciones, emociones, pensamientos y la conducta está codificada en nuestro cerebro desde hace millones de años.

Sensaciones	Complejo reptiliano
Emociones	Sistema límbico
Pensamientos	Cerebro racional
Conductas	Corteza prefrontal

CUENTO 7. MURBEM

¿Por qué este cuento?

Alrededor del año y medio, los niños y las niñas ya discriminan las distintas sensaciones físicas: hambre, sed, dolor, frío, calor, y reconocen si éstas han tenido una respuesta contingente y responsiva, de manera masiva, por parte de sus figuras de apego. El desarrollo emocional sigue adelante y empiezan a aparecer emociones más complejas que son difíciles de entender en esta edad, del mismo modo que las sensaciones fisiológicas para los bebés fueron un caos indescifrable, hasta que sus padres las regularon. Aparece el deseo por jugar con un juguete concreto, enojo porque otro niño o niña se lo quita, satisfacción porque consigue subir a la resbaladilla, frustración por no poder, miedo ante una persona desconocida que se les acerca o tristeza cuando mamá se va una tarde a trabajar.

A estos 18 meses de vida los bebés entienden la mayor parte de lo que les decimos, pero no pueden más que emitir, aproximadamente, unas veinte palabras, sin conectar entre sí. No será sino hasta cumplir los dos años cuando puedan decir dos palabras conectadas, por ejemplo, "Mamá agua". Por lo tanto, los bebés no cuentan con un lenguaje aún lo suficientemente elaborado como para que estas nuevas emociones sean gestionadas a través de él, además de que no tienen aún la experiencia para conocer bien en qué consisten esos estados emocionales y, menos aún, para regularlos, puesto que apenas aparecen en su vida. De nuevo, ante esas emociones, los bebés son profundamente dependientes de sus figuras de apego, para aprender a reconocer qué sienten, por qué y cómo manejarlo, de igual manera como sucedió en el primer año de vida con las sensaciones físicas.

Un padre o madre competente, capaz de generar alivio cuando su bebé está sobrecogido por una emoción intensa que no entiende, lo logrará porque, primero, se dará cuenta de que su bebé está desbordado emocionalmente. En segundo lugar, identificará qué emoción concreta es la que desborda a su bebé y se la mostrará con su rostro, pero sin hacer esa emoción suya. Los padres no mostrarán que ellos sienten esa emoción como si fuera propia. Tan sólo evidenciarán con su rostro cuál es la que siente su bebé. Hacer esto frente al bebé de una manera sensible generará en él un alivio inmediato y una disminución de la intensidad emocional que experimenta. Pruébenlo.

Tras esto, un padre o madre competente le explicará al bebé la causa de su emoción. Le describirá objetivamente qué la produce. "Estás triste porque te gustaría estar con tu primo y él se ha tenido que ir sin poder quedarse a jugar", "Estás enojado porque ese amiguito de la guardería tomó primero el juguete con el que tú querías jugar". No dirá cosas como: "Estás triste porque no te conformas con nada; en lugar de alegrarte porque el primo vino a verte, pides más y más", "Me tienes harta de tus caprichos", "Estás enojado porque eres un mandamás que no sabe compartir". Y finalmente sacará al niño de la emoción, o bien ayudándolo a aceptarla y a estar tranquilo, a pesar de que no se cumpla lo que desea, o con una distracción. En los ejemplos anteriores, los papás dirán algo como: "No pasa nada porque el primo no pueda quedarse a jugar hoy con nosotros, puesto que va a venir de nuevo mañana, y ahora podemos jugar en el baño con el juguete que te trajo", "Jorge tomó el caballito que tú querías pero... no viste lo chulo que es el león; mira: tiene luz y sonido".

Los padres competentes que siguen ese camino en la gestión emocional de sus hijos lograrán que éstos se calmen y adquieran las herramientas para posteriormente, en ausencia de su madre o padre, calmarse ellos solos. Lograrán también que sus hijos desarrollen las capacidades no sólo para autorregular sus emociones, sino para gestionarlas posteriormente de un modo más complejo. Es decir, poder lograr sus metas, tener unas buenas relaciones sociales, manejar bien los conflictos y conseguir que su seguridad personal se mantenga a pesar de sufrir adversidades o fracasos.

¿Para qué este cuento?

Con el cuento que les proponemos en este capítulo, hemos querido mostrar cómo, con esa interacción adecuada, son los padres los que permiten que sus hijos se alivien ante sus emociones intensas y desbordantes, y cómo, de haber pasado por este proceso con sus padres, los niños adquirirán las competencias necesarias que los convertirán en adultos capaces de gestionar bien sus emociones. De no haber pasado por este proceso, de no haber dado a los niños y niñas estas experiencias, durante toda la infancia, pero especialmente a partir del primer año de vida, éstos no habrán podido desarrollar bien las capacidades con las que regular sus emociones. Y si el déficit en la adquisición de competencias emocionales es muy fuerte, necesitarán algo externo para calmarse o regularse.

Hemos querido mostrar, con la metáfora de los espejos que van a encontrar en el cuento, tanto el modo adecuado de gestionar las emociones de nuestros niños y niñas como los errores que los padres podemos cometer (y de hecho cometemos), que, fundamentalmente, giran en torno de dos cuestiones, como los dos tipos de espejos del cuento:

- *Mostrar demasiada indiferencia ante las emociones de los niños por considerar que es mejor no hacerles caso para que se les pase lo que les afecta.* Ver sus estados emocionales como algo sin importancia, caprichoso o propio de un funcionamiento "blando" del niño nos puede llevar a no dar la suficiente importancia a cuestiones relevantes que sienten. Con esa actitud, los niños se sentirán aún peor, se verán como poco importantes para nosotros y, finalmente, como personas poco importantes en general. Además, mostrar esa actitud de manera extrema o generalizada puede llevarlos a no expresar lo que les pasa para no sufrir nuestro rechazo y encontrar reconocimiento por nuestra parte. Piénsalo: ¿no te sientes mal cuando acudes a un amigo o familiar a contarle algo que te preocupa mucho, buscando comprensión, y lo que te encuentras es que, con indiferencia, te dice algo así como "Mira, es que eres un exagerado, no es para tanto, olvídalo"?
- *Mostrar una exagerada reacción ante lo que les sucede o hacer nuestras sus emociones.* Esto, de igual manera, es negativo, porque si nos entristecemos excesivamente ante las tristezas del niño o nos asustamos en demasía ante sus miedos, no le daremos la seguridad que necesita y le enseñaremos que lo que le pasa o siente es terrible y no se puede afrontar. Si hacemos nuestras las emociones de los niños y niñas o si reaccionamos en exceso ante éstas tampoco los ayudaremos a manejarlas.

Con este cuento pretendemos ofrecerles dos imágenes sencillas, la de los espejos que no reaccionan y la de los espejos que reaccionan en exceso o inadecuadamente, para ayudarles como padres a encontrar la actitud adecuada para:

- Sacar a los niños de su malestar emocional intenso.
- Ayudar a los niños a gestionar sus conflictos emocionales.

¿Qué les pedimos que piensen con este cuento?

Los invitamos a analizar cuándo pueden ser uno de estos dos espejos, para volver a ser espejos como el de Daniela, nuestra protagonista, un espejo que verdaderamente ayuda ante el malestar emocional.

¿Nos acompañan a MurbeM, la ciudad en la que sucede todo esto?

MURBEM Y LA ELECTRICIDAD EMOCIONAL

Aquel Año Nuevo, ya entrada la madrugada, se produjo un fenómeno raro, del que sólo sabían algunos cuentos antiguos que, aún no habiendo tocado ni el papel ni la tinta, habían perdurado pasando de boca a boca. En MurbeM, pequeña ciudad situada en un hermoso valle entre montañas, en el preciso momento en el que el año vigente dejaba de existir, todos sus habitantes pidieron, a la vez, sus deseos. Fue tanta la energía generada por el deseo humano que se produjo un brutal cortocircuito.

Desde hacía muchas, muchas lunas, MurbeM disponía de una central eléctrica emocional. Ésta generaba un tipo muy especial de electricidad que permitía a todos los habitantes identificar y comprender sus sentimientos. De esta manera, las personas no tenían que hacer nada para conocer qué sentían y por qué, la electricidad emocional hacía por ellos ese trabajo. Por este motivo, los adultos habían dejado de enseñar a los niños cómo identificar sus emociones. Esa noche la central colapsó y se cayó la red que, a través del aire, suministraba esa energía al cuerpo de todos los habitantes. Se produjo un apagón emocional. Las mujeres y hombres de la ciudad no fueron muy conscientes, durante esa noche, de sus efectos. Estaban demasiado embriagados por el champán, el confeti, los mensajes de Año Nuevo, todo iluminado con fuegos artificiales. No podían saber aún lo que iba a suponer ese fenómeno tan inverosímil como real.

Las consecuencias de no tener electricidad emocional empezaron a notarse la mañana del 1 de enero. Los habitantes de MurbeM seguían teniendo emociones —éstas son absolutamente indestructibles—, pero sin la electricidad emocional no podían saber si estaban asustados o nerviosos, si avergonzados o sorprendidos, tristes o desilusionados, envidiosos o molestos por el insulto de alguien. Estaban hechos un lío, completamente confundidos. Y esta confusión estaba empezando a generarles muchos problemas que hacía mucho tiempo no habían tenido, desde que, hacía ya casi doscientos años, contaban con electricidad emocional.

Daniela era epiléptica: padecía una epilepsia grave que la obligaba a llevar siempre con ella su medicamento por si sufría una crisis. Había sido muy duro aceptar la enfermedad cuando a los quince años se la diagnosticaron. Llevaba otros quince luchando contra todas las limitaciones asociadas. El 2 de enero había quedado con Diego y Valeria, sus dos mejores amigos, para cenar. Habían estado fuera durante las fechas navideñas, y ese día regresaban todos a MurbeM. La cena era en la casa nueva de Diego, un precioso ático en el barrio de Condesa. Daniela, que vivía a las afueras de la ciudad, tenía un largo recorrido que hacer hasta allí. La escasez de carreteras en MurbeM producía enormes embotellamientos. Ese día estaba contenta, aunque sin saberlo debido al apagón emocional, porque no había encontrado apenas tráfico y su viaje hasta allí sólo había demorado veinte minutos. Tan pronto como saludó a sus dos amigos, se quitó la chamarra, dejó su bolso en el vestíbulo y se percató de que había olvidado el medicamento. Un fuerte calor le subió, de repente, de los pies a la cabeza, concentrándosele en las manos. Tendría que volver a su casa, arriesgándose a verse atrapada en un tráfico horrible del que ya se había librado. De nuevo tendría que volver a casa de Diego. Miró a sus amigos que, relajados, preparaban las botanas en la cocina, riéndose, escuchado música, contándose las anécdotas de las cenas familiares de las navidades, mientras ella estaba súper alterada porque había olvidado sus medicinas. Sin electricidad emocional no pudo entender lo que sentía, ni saber que era algo que provenía exclusivamente de ella. Presa de gran confusión emocional, pensó que sus amigos le caían mal, que se estaban portando mal con ella al estar tan felices cuando ella era tan desgraciada por tener esta maldita enfermedad. Desde la puerta de la entrada les gritó:

—Me regreso a casa, olvidé mis pastillas, no puedo quedarme, si me dan ganas después de recoger mi medicina vuelvo con ustedes, pero no confíen en ello, cretinos.

Y dio un portazo.

Valeria y Diego se quedaron sorprendidos por la reacción de su amiga: ¿los había llamado *cretinos*? Decidieron no darle importancia y seguir cocinando, confiando en que regresaría. Cuando Daniela llegó a su casa y vio su frasco de pastillas en el mueble de la entrada, se sintió muy mal, aunque no entendía por qué. Confundida, se pensó mala persona, mala amiga, y guiada por una culpa que no identificaba, decidió regresar con ellos. Cuando llegó a casa de Diego, por segunda vez, éste tocaba la guitarra y Valeria cantaba con él canciones de su adolescencia. Daniela notó que aún le quedaba algo del calor en las manos, pero se sentó en la terraza al lado de ellos. Estuvo seria durante un buen rato, hasta que Diego sirvió la deliciosa cena, que terminó por llevarse el malestar de Daniela.

Ya habían pasado casi tres meses de ese incidente y la central de electricidad emocional seguía sin funcionar, pues la avería todavía no había podido solucionarse. El calendario marcaba la última semana de marzo, se acercaba el cumpleaños de Diego, y Daniela no atinaba a decidir qué podía regalarle. El apagón emocional había seguido provocando malos entendidos entre los amigos, por lo que Daniela había decidido limar asperezas con un buen regalo, con algo especial.

—El año pasado le regalé filtros nuevos para su cámara fotográfica y el anterior una maleta para sus viajes. Este año... ya lo tengo, ¡algo de decoración para su casa nueva! A Diego le encantan las antigüedades —dilucidaba para sí misma Daniela.

Con la decisión que produce saber que has encontrado la idea perfecta para un regalo, salió hacia la tienda de antigüedades más bonita que conocía, en la ciudad vecina. La tienda estaba exactamente como la recordaba; llevaba años sin visitarla, pero todo seguía igual. Su cartel de letras modernistas, coloreadas en azul eléctrico, se mecía colgado sobre la puerta de la entrada. La atmósfera de la tienda era densa, como si el aire contuviera aún pedazos de las vidas vividas alrededor de los muebles y objetos. Éstos, que podrían haber sido extraídos de las mil y una noches, de los palacios de la ciudad prohibida o de mansiones victorianas, descansaban sobre aquéllos. Candelabros, lámparas, carruseles, globos terráqueos, cajitas, portavelas, jarrones, cerámicas de diversas formas, relojes de pared y relojes de mano. De repente, mientras andaba distraída por la tienda, una voz se dirigió a ella:

—Perdone, señorita, ¿puedo ayudarla en algo? —le preguntó el anciano propietario de la tienda.

—Hola, buenas tardes, pues quisiera hacerle un regalo a un amigo, algo especial para decorar su casa nueva.

—Si me lo permite, creo que le puedo recomendar el regalo perfecto para su amigo. Un espejo.

—¿Un espejo? —preguntó Daniela asombrada.

—¡No me diga que no ha oído hablar de los espejos! Es cierto que no existen en MurbeM, ni en toda la región, pero son los objetos más mágicos que se han podido inventar. Son muy antiguos, pero en algún momento de nuestra historia dejaron de fabricarse. En realidad son bastante simples, consisten en una superficie muy pulida que refleja los rayos de luz y mediante este proceso podemos ver en ellos aquello que se sitúe delante. Venga conmigo, le enseñaré uno —le explicó el dueño de la tienda.

—Recuerdo haber oído hablar de los espejos, pero nunca he visto uno —respondió intrigada Daniela.

El viejo acercó a Daniela a un antiguo espejo de pie donde pudo verse todo el cuerpo.

—Parece que me hubiera metido dentro, es fascinante —exclamó Daniela, sintiéndose agradablemente sobrecogida por diversas emociones.

—¿No cree, señorita, que es el regalo perfecto para su amigo? —le preguntó.

—Sin lugar a dudas.

—Acompáñeme a la zona donde tengo expuestos la mayoría, eche un vistazo y, si finalmente esta opción le convence, elija el que más le guste. Yo la esperaré en la caja, que tengo que seguir ordenando mis facturas —dijo el viejo mientras se alejaba.

Daniela observó con detenimiento todos los espejos que guardaba la tienda. Entre todos los que había le llamó especialmente la atención uno que parecía marroquí. Estaba rodeado por un impresionante marco de madera oscura con incrustaciones de símbolos bereberes en un metal plateado y piedrecitas anaranjadas. El espejo estaba apoyado sobre una cómoda de madera azul turquesa. La cómoda tenía varios cajones. Sin saber muy bien por qué, Daniela se sintió impulsada a abrirlos. Nada en el primero, nada en el segundo, y en el tercero, un espejo de mano con la empuñadura de plata decorada con pequeñas estrellas grabadas. Levantó el espejo, lo situó ante su rostro y se miró. Al ver su cara reflejada en él comprendió claramente que estaba aún un poco enojada consigo misma por no haber conseguido, tras años de enfermedad, reducir el número de veces que se marchaba de casa olvidando su imprescindible medicamento. Ahora podía entender que la noche del 2 de enero no fue el enojo contra sus amigos lo que le invadía el pecho y las manos. Pero aquella noche, debido al apagón emocional, no pudo reconocer sus emociones como estados propios, por lo que las puso en sus amigos pensando que ellos la estaban fastidiando. Ahora, mirándose al espejo, entendía también que todos y todas cometemos errores. Que olvidarse de las pastillas era grave, pero podía pasarle y que, sólo siendo comprensiva consigo misma y con su margen de error, podría volver al estado en que se encontraba. También vio que, desde la noche del 2 de enero, albergaba dentro de sí culpa, porque, aun sin saber que sus amigos no eran los causantes de su enojo, algo le decía que no estaba bien ser desagradable con personas a las que quería y que la querían. Vio todas esas emociones ante sí, las entendió y sintió un profundo alivio. Algo que no había vuelto a sentir desde el apagón emocional. Comprendió que los espejos eran la solución al apagón emocional, pensó que, quizás, antes de existir la electricidad emocional las personas utilizaban espejos para saber qué les pasaba. ¿Quién quería un suministro de energía de la compañía nacional de electricidad emocional, si se contaba con esos objetos mágicos que permitían ver lo mismo que se descubría con ella? Deseó poder compartir, lo antes posible, con sus amigos su genial hallazgo. Recorrió rápido la tienda, le pidió al viejo dueño el espejo marroquí para regalárselo a Diego, el espejo de empuñadura plateada para ella y uno más, de mano, para Valeria. Los pagó y se marchó a toda velocidad hacia la casa de Diego. Aunque primero tenía que llamarle para preguntarle si podía ir a su casa.

—Hola, Daniela, ¿cómo estás? —respondió Diego.

—¿Diego?, ¿estás disponible?, ¿puedo ir a tu casa a darte tu regalo de cumpleaños?, y... tiene que venir también Valeria, tengo que contarles algo importante —le explicó apresuradamente.

—Daniela, ¿estás bien? Para mi cumpleaños faltan aún dos semanas..., sí, puedes venir, claro, estaré encantado de verlas a Valeria y a ti. Pero ¿a qué viene tanta prisa?

—Tranquilo, estoy bien. Sólo quiero contarles algo muy importante, es bueno, es muy bueno. Pero tengo que contárselo en persona.

—Bueno, ven a casa; mientras llegas, le llamo a Valeria.

Cuando Daniela llegó a casa de Diego, Valeria ya estaba allí. Ambos parecían nerviosos e intrigados. Daniela entró cargando el paquete enorme en el que iba el espejo mayor, con los otros dos guardados en su bolso.

—Hola, chicos, siéntense, tengo mucho, mucho que contarles. Pero, primero: toma, Diego, éste es tu regalo de cumpleaños.

—Te agradezco mucho el regalo, pero sabes que soy un poco supersticioso. ¿No crees que podríamos esperar a que lo abra el día de mi cumple? Sólo faltan dos semanas —le explicó Diego.

—Imposible, tengo que explicarles algo fascinante, y para esto necesito que abras hoy tu regalo. Sé que no te vas arrepentir.

—Bueno, cederé por todo ese misterio que estás montando, ¿nos explicas primero?

Valeria miraba a ambos sin saber qué pensar e igual de sorprendida que su amigo.

—Sí, primero déjame que te cuente. Este año, Diego, decidí comprarte para tu cumpleaños algo de decoración para esta preciosa casa nueva que tienes. Para encontrar algo realmente bonito fui a la tienda de antigüedades del pueblo de al lado. Y allí encontré espejos. ¿Has oído hablar de los espejos?

Los dos negaron con la cabeza.

—¿No les suenan de los cuentos antiguos y de las historias de nuestros abuelos?

Volvieron a negar con la cabeza.

—Déjenme que les cuente qué es un espejo. Un espejo es una superficie muy lisa en la que, si te pones enfrente, puedes verte. Como si te tomara una foto en movimiento, apareces de repente tal cual estás, tal cual eres. Permítanme que se lo muestre. Diego, por favor, desenvuelve tu regalo.

Diego, con gran expectación, abrió su regalo y apareció ante ellos el majestuoso espejo.

—Es impresionante, Daniela, el marco es magnífico —dijo asombrado Diego.

—Pues ahora pónganse delante —les pidió Daniela a sus amigos.

Los dos avanzaron hacia el espejo con dudas, asombro y también con un poco de respeto. Y allí aparecieron sus imágenes perfectas.

—¡Es increíble! —exclamaron al unísono.

—Pues esto no es lo mejor, me falta explicarles la segunda cualidad de los espejos.

—¿Aún pueden hacer algo más? —preguntaron casi también al unísono.

—Sí, déjenme que les explique y después lo comprobarán ustedes mismos —respondió.

Daniela les fue contando cómo, al mirarte con cierto detenimiento en ellos, comprendías tus estados emocionales, qué exactamente los había producido y cómo afrontarlos.

—Amigos, ¡los espejos son el antídoto para el apagón emocional! Nos van a permitir manejar de manera adecuada nuestra vida sentimental hasta que la central de energía eléctrica emocional vuelva a funcionar.

—Pero ¿con los espejos se consigue entonces exactamente lo mismo que con la energía emocional? —preguntó Valeria.

—Exacto —respondió Daniela.

—¡Me muero de ganas de comprobarlo! Llevamos ya tres meses de apagón emocional y eso es terriblemente agobiante. Estamos confundidos la mayor parte del tiempo, esto nos resta capacidad para afrontar tanto nuestras tareas cotidianas como laborales, por no hablar de los problemas que nos genera en la interacción con otras personas. Nosotros mismos somos grandes amigos y hemos tenido muchos desencuentros —diciendo esto, Diego se situó delante de su majestuoso espejo y empezó a mirar su rostro detenidamente.

—Chicas, siento decepcionarlas, pero no siento nada diferente al mirarme al espejo. No me transmite nada y no me aclara nada, lo que me deja aún peor —dijo Diego sin poder disimular su decepción.

—No puede ser, les aseguro que yo con el mío entendí todo como si de repente hubiera regresado la electricidad emocional. Esperen, probaremos con el mío —dijo Daniela, sacando de su bolso el espejo que había comprado para ella.

Diego, algo escéptico, tomó el espejo de Daniela y se lo puso delante.

Vio su imagen y, ahora sí, el espejo empezó a devolverle lo que sentía. Gracias a esto empezó a experimentar un alivio totalmente ausente en esos tres meses. Entendió su decepción con Daniela la noche del 2 de enero, pero se calmó comprendiendo que su grave enfermedad era difícil de sobrellevar. Vio el enojo con su jefe y como éste se producía por el trato abusivo e irrespetuoso que les daba tanto a él como al resto de sus compañeros. Se dio cuenta de que sus problemas laborales estaban causados por esto, no porque no le gustara su trabajo. Y se calmó.

—¡Sin duda, tu espejo funciona! Es cierto, es igual que el efecto de la electricidad emocional —explicó entusiasmado Diego.

—Ahora es mi turno, déjame probar a mí —pidió Valeria.

—Sí, toma —dijo Diego acercándole el espejo.

—Espera, Valeria, tengo una pequeña sorpresa para ti también —interrumpió Daniela.

—En la tienda de antigüedades compré otro espejo para ti, no iba a permitir que todos tuviéramos un espejo menos tú —continuó mientras sacaba del bolso el pequeño espejo de mano y se lo daba.

—Gracias, eres una amiga maravillosa —respondió.

Tomando el espejo en su mano Valeria empezó a mirarse esperando sentir lo mismo que Diego. Pero eso no sucedió. Ante el espejo empezó a experimentar las emociones que llevaba dentro de sí, pero con una intensidad desmedida. El espejo resonaba en exceso y hacía suyas las emociones de Valeria, mostrándolas exageradamente. Lo primero que sintió fue el miedo que le daba no aprobar los exámenes de trabajo que estaba preparando. El espejo tembló con pánico devolviéndole que esa situación era absolutamente terrible.

Valeria sintió confusión: ¿eran tan horribles los exámenes?, ¿transmitía tanto miedo el espejo porque sabía que ella no era capaz de aprobarlos? Angustiada, alejó el espejo de su rostro.

—Daniela, esto es horrible, mirar este espejo no sólo no me alivia sino que me deja peor.

—Valeria, toma el de Daniela, mírate en éste, te aseguro que pasarán cosas distintas —tomó la palabra Diego.

Con el espejo de Daniela ante su rostro, experimentó todas sus emociones dimensionándolas bien. Vio que no aprobar los exámenes era, sin duda, una amenaza que daba miedo. Pero esa amenaza se limitaba a tener que buscar otro trabajo, algo que podía conseguir, hasta la próxima convocatoria de exámenes. Vio que si seguía esforzándose aprobaría, puesto que tenía las capacidades suficientes para ello. También vio que tenía miedo a los comentarios de sus exigentes, elitistas y estrictos padres, en el caso de reprobar, del tipo "Nos has demostrado que no eres tan capaz ni valiosa", "Nos has decepcionado". Y se dio cuenta de que sus padres no tenían razón, que estaban muy equivocados al pensar que el valor de las personas radica en la posición social que hubieran alcanzado. Vio que la solución para esto era pensar en ella y en su valor, empleando su propio criterio y el de personas objetivas a la hora de juzgar el valor de los demás. Y se sintió bien, aliviada.

—Daniela, ¡tu espejo es maravilloso!, gracias —exclamó.

—Chicos, me alegra mucho que los tres podamos estar emocionalmente bien, como cuando usábamos la energía emocional. Pero no puedo entender aún muchas cosas. ¿Por qué sólo nos deja bien mi espejo?, ¿qué hay de diferente en el mío? —preguntó Daniela.

—Y ¿en qué se inspirarían los inventores de los espejos para construir semejantes objetos? —añadió Daniel.

—No tenemos respuestas para todas estas preguntas, pero sí tenemos el lugar en el que podemos encontrarlas. ¿Se atreven a venir conmigo? —les planteó Daniela.

—¿Tenemos ese lugar? Si es así, voto por ir inmediatamente —respondió Diego.

—Yo también voto que sí, ¡vayamos! Pero ¿a dónde, Daniela?

—A la tienda de antigüedades donde compré los tres espejos; si salimos ya, la encontraremos abierta. Estoy segura de que el propietario de la tienda tiene que tener todas las respuestas. Vamos.

Con decisión y entusiasmo los tres amigos subieron al coche de Daniela, confiados en su amiga y en el dueño de la tienda de antigüedades.

Cinco minutos antes de la hora de cierre de la tienda llegaron. Empujaron la puerta con decisión y su ímpetu asustó al viejo, que seguía ordenando facturas.

—¿Sí? —exclamó asustado al verlos entrar, calmándose al reconocer a Daniela.

—Buenas tardes de nuevo, discúlpenos por entrar de este modo, no quisimos asustarlo ni entrar sin el debido respeto, pero necesitamos hablar con usted.

—Bueno, bueno, díganme, ¿cuáles son esos asuntos tan urgentes que necesitan hablar conmigo?

—Verá, hemos comprobado que uno de los espejos que le compré tiene los mismos poderes que la energía emocional. Pero no entendemos por qué sólo uno. Y queremos saber también cómo pudieron llegar a construirse los espejos, en qué se inspiraron para conseguir que tuvieran estas propiedades —expuso atropelladamente Daniela.

—Uf, muchas preguntas que responder en el breve tiempo disponible antes de cerrar mi tienda. Veremos si soy capaz, intentaré darles la máxima información posible.

"Empezaré por el principio. Hablemos del tiempo en el que no existían los espejos y de cómo se crearon. En realidad la solución está frente a sus narices, pero hemos dejado de verla. En el tiempo en el que no existían espejos, su papel lo hacían... nuestras madres y nuestros padres. Cuando los niños y niñas, a esas alturas del primer año de vida, sabían qué era el hambre, el frío, el sueño, la sed y el dolor físico; cuando, con la llegada de ese primer año, llegaban también emociones más complejas, las mamás y los papás empezaban a desarrollar un comportamiento sencillo pero implacable sobre ellos. Un comportamiento que repetían muchas veces al día y aplicaban sobre sus niños cada vez que detectaban en ellos una afectación emocional intensa. Le hacían ver a su criatura que estaba sobrecogida por una emoción, le decían con exactitud cuál era, le explicaban qué o quién la había causado, y tras este paso conjunto por la experiencia de la emoción, o ayudaban al niño a salir de ella o le mostraban la actitud adaptativa para mantenerse en ella. Si, por ejemplo, un hijo se estaba portando mal porque estaba triste tras haberse marchado su mejor amigo a vivir a otra ciudad, le decían que lo notaban afectado, que sabían que se encontraba mal por algo. Después le mostraban cómo era tristeza lo que sentía por haber perdido algo muy valioso. Y finalmente lo ayudaban a salir de la tristeza, sin negarla. Le decían que siempre sería triste que no hubiera podido seguir viviendo al lado de su amigo, pero que podía escribirle cartas y que en vacaciones podrían verse. Y que, además, construiría nuevos amigos y amigas, y aunque nunca reemplazarían el papel que tuvo su amigo en su vida, tendrían también lugares muy importantes y valiosos en su corazón. Le permitirían desahogarse cada vez que recordara a su amigo y lo animarían para que no se quedara estancado en esa tristeza, puesto que su vida tenía muchas más cosas buenas que malas. Procedían como el espejo que compró para usted, señorita.

"Pero en el mundo había padres un poco menos competentes, o de plano incompetentes. Algunos permanecían indiferentes ante las emociones de sus hijos, transmitiéndoles que no era importante lo que les pasaba y, finalmente, que ellos no eran personas importantes. Esos niños aprendían a inhibir sus emociones con tal de no sentir el rechazo sus padres. Otros padres eran súper temerosos o muy faltos de recursos; éstos se asustaban cuando veían a sus hijos afectados por algo, o hacían suyas las emociones de sus hijos. De tal manera que les transmitían que ellos daban miedo, o que daban miedo las cosas que les sucedían. Los padres y madres competentes lograban que sus hijos e hijas desarrollaran la capacidad de entender bien sus emociones y que se convirtieran en adultos que no necesitaban espejos ni energía emocional. Los espejos construidos a imagen y semejanza de estos padres son los que consiguen lo mismo que, ahora, consigue la electricidad emocional. Pero los espejos construidos a imagen y semejanza de los padres poco competentes reflejaban el mundo emocional con mala calidad, distorsionado o con muy baja resolución.

"Después, como llegaron las lavadoras que lavan por nosotros, los microondas que calientan la comida por nosotros, la televisión que piensa y construye fantasías por nosotros, llegó la energía emocional, que identifica nuestras emociones por nosotros. Y nos convertimos en personas incapaces de descifrar nuestro mundo emocional, porque ya los padres y madres no nos lo enseñan, ¡para qué, si tenemos nuestra valiosa electricidad emocional! Y ésa es toda la historia. Creo que lo mejor que se lleva de mi tienda no es el espejo de empuñadura de plata, chica curiosa con amigos curiosos, sino el aprendizaje de que es posible enseñar a nuestros niños y niñas de manera que no dependan de la electricidad emocional. Y ahora discúlpenme: hace cinco minutos que tenía que haber cerrado mi tienda, así que les agradeceré que se marchen. Buenas tardes.

8

Las siete fases para convertir a nuestros hijos en expertos emocionales

INTRODUCCIÓN

Los últimos estudios señalan que la autoestima es el factor psicológico que mejor predice la calidad de vida de nuestros niñas y niños. Sin embargo, a pesar de dichas evidencias, nos encontramos con que no le damos la importancia que realmente tiene. Son pocos los padres y maestros que dedican tiempo a trabajar la autoestima de manera explícita y directa.

El objetivo que nos planteamos en este capítulo es conocer cuáles son las fases por las que debemos pasar tanto los adultos como los niños para que nos convirtamos en expertos emocionales. La idea es poder obtener la Maestría en Gestión Emocional.

¿QUÉ ES LA EDUCACIÓN EMOCIONAL?

La *educación emocional* se define como la habilidad de conocer las emociones básicas que tenemos los seres humanos, así como el aprendizaje de su identificación tanto en uno mismo como en los demás. Además, es imprescindible saber cómo debemos regular y gestionar nuestras emociones para alcanzar el equilibrio del que ya hablamos (*homeostasis*) y ser más felices. Lo cierto es que nacemos sin saber gestionar nuestras emociones, por lo que los niños necesitan de sus padres y maestros para que les enseñen lo que denominamos *educación emocional*. Este proceso consiste en enseñarles a ser autónomos en el manejo de sus propias emociones y en la interacción con los demás.

FASES PARA CONVERTIR A TU HIJO EN UN EXPERTO EMOCIONAL

Para conseguir que nuestros hijos obtengan la Maestría en Gestión Emocional es imprescindible que pasemos por las siguientes siete fases que desarrollaremos a continuación:

1. Conocer las emociones básicas y sus funciones

Es importante que partamos del conocimiento de qué es una emoción. Como ya hemos comentado, el concepto viene del latín *emovere*, que quiere decir "moverse hacia". Por lo tanto, toda emoción nos invita a llevar a cabo una acción. Así, por ejemplo, la rabia nos invita a atacar, el miedo a huir y la tristeza a pensar y adaptarnos a la nueva situación.

Existen diversos modelos que hablan de las diferentes emociones básicas. Todos los autores reconocen su existencia, pero hay diferencias en el número de esas emociones básicas y en definir cuáles son.

Como hemos dicho, las emociones se pueden clasificar en dos grandes grupos: *emociones de aproximación* y *emociones de defensa*. Veamos qué emociones básicas son de aproximación y cuáles son de defensa.

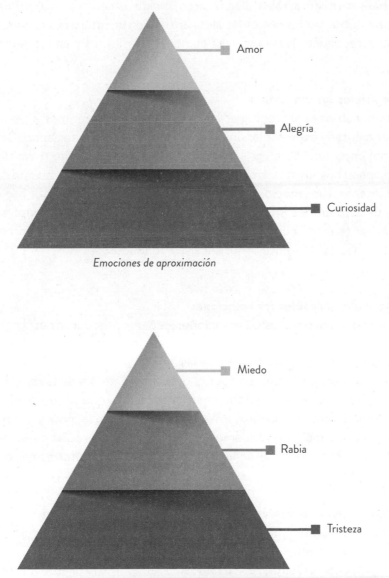

Emociones de aproximación

Emociones de defensa

2. Reconocer las emociones en nosotros y en los demás

Una vez que conocemos qué es una emoción y cuáles son las emociones básicas, estaremos en disposición de reconocerlas. Para poder trabajar bien en esta fase, podemos utilizar imágenes de personas con emociones básicas (tristeza, rabia, alegría, asco, miedo, etcétera). Aquí podemos analizar y observar los gestos faciales para que en un futuro nos resulte más sencillo reconocer las emociones en nosotros mismos y en los demás.

3. Legitimar las emociones

Cuando hablamos de legitimar las emociones nos referimos a permitir experimentar y expresar las emociones que estamos vivenciando. De ahí la gran importancia de activar nuestro hemisferio derecho (hemisferio emocional) cuando nuestro hijo está experimentando una emoción fuerte e intensa. Las emociones no están bien ni mal, simplemente hay que aceptarlas debido a su carácter subjetivo, automático e inconsciente. Debemos tener en cuenta que comprender la emoción que experimenta nuestro hijo es diferente de justificar su conducta.

4. Aprender a regular las emociones

Una vez que conocemos las emociones, sabemos reconocerlas y nos las han legitimado, estamos en disposición de poder aprender estrategias o "trucos" para regularlas o gestionarlas.

Es importante tener en cuenta que el aprendizaje de la regulación de las emociones es algo que implica muchos años y que se educa. Al igual que aprendemos un idioma, normas de educación en la mesa y a atarnos las agujetas, también aprendemos a regular nuestras propias emociones. El proceso es siempre desde la *heterorregulación* a la *autorregulación*.

5. Reflexionar sobre la emoción que estamos experimentando

Es muy importante y necesario poder reflexionar sobre la emoción que hemos experimentado o estamos experimentando. Decían los poetas Quintero, León y Quiroga en su famoso poema: "Me lo dijeron mil veces, pero nunca quise poner atención". El profesor y los padres tienen un rol muy relevante, pues ayudan a sus alumnos e hijos a reconocer sus emociones y a etiquetarlas. Pero no sólo a eso, sino que relacionará la emoción con las sensaciones, pensamientos y acciones que ocurrieron en relación con la emoción, como ya explicamos en capítulos anteriores.

6. Dar una respuesta lo más adaptativa posible

Todas las emociones nos aportan información muy útil, pero es importante que seamos capaces de actuar dicha emoción de la mejor manera posible. Así, por ejemplo, los niños pequeños no tienen mejor manera de gestionar la rabia que tirarse al suelo y patalear. Con el paso del tiempo, los padres y los docentes debemos enseñarles a nuestros hijos y alumnos estrategias de regulación emocional que les resulten lo más adaptativas posibles.

7. Establecer una narrativa

Cuando hablamos de establecer una narrativa nos referimos a que les demos a nuestros alumnos e hijos una explicación que sea adaptada a su edad de lo que han experimentado. Para realizar una buena narrativa es imprescindible incluir los cuatro elementos siguientes que hemos desarrollado ampliamente en el capítulo 7:

- *Sensaciones*: relacionadas con las respuestas del cuerpo. Ejemplo, aceleración del corazón, tensión en las piernas, sudoración en las manos, dolor de pecho, sensación de nudo en la garganta, etcétera.
- *Emociones*: identificar de qué emoción estamos hablando. Ejemplo, miedo, tristeza, rabia, curiosidad, asco, alegría, sorpresa, etcétera.
- *Pensamientos*: qué ideas, valores y pensamientos tuvimos. Ejemplo, creí que no llevaba bien preparado el examen, pensaré que seré el único que tenga que repetir el examen, etcétera.
- *Acciones*: se refiere a las conductas que se llevaron a cabo, que se están llevando a cabo o que se pueden poner en marcha en un futuro. Ejemplo, pegar a tu hermano, salir corriendo, moverse sin poder parar, etcétera.

Como se puede ver, la narrativa se puede hacer tanto en pasado como en presente y futuro, y resulta imprescindible para la correcta integración de los acontecimientos de nuestros hijos. Es más: las últimas investigaciones sobre teoría del apego llegan a la conclusión de que uno de los factores que mejor predicen el estilo de apego que desarrollaremos en nuestros hijos es la narrativa que tenemos de nuestra infancia, es decir, no tanto lo que nos ocurrió de pequeños sino cómo lo integramos y lo relatamos.

CUENTOS 8 Y 9. LA EMOCICLETA Y EL DESVÁN CEREBRAL DE LOS RECUERDOS

¿Por qué estos cuentos?

En este capítulo se ha analizado la importancia de la educación emocional para conseguir que nuestros hijos sean capaces de manejar adecuadamente sus emociones, para que lleguen a ser expertos emocionales. Esta maestría en el manejo emocional les permitirá a nuestros hijos contar con un grado mayor de autoestima. Una mejor autoestima redundará en su felicidad y bienestar emocional, así como en la capacidad para adaptarse y sortear las dificultades de la vida con éxito.

En este capítulo hemos querido dejar dos cuentos, uno para hablar del enojo y de cómo lograr su gestión adecuada, y otro para hablar de la tristeza y honrarla; que tan mala fama tiene, pero que es tan necesaria.

Estas dos emociones nos parecen especialmente importantes en el desarrollo emocional de los niños y niñas, por lo que creímos esencial que cada una de esas emociones tuviera su propio cuento.

El objetivo de estos cuentos es conseguir una mayor comprensión tanto de estas dos emociones como de la manera de gestionarlas, dado que en este capítulo se han analizado los pasos para ayudar a nuestros hijos a ser expertos emocionales.

Estos cuentos comprenden ideas para ayudar a nuestros hijos a ser expertos emocionales en el enojo y en la tristeza.

Vamos a pasear con la protagonista de ambos cuentos por estas emociones y sus particularidades: ¿nos acompañan?

LA EMOCICLETA

Guadalupe era una niña de diez años que llevaba una vida un poco diferente porque tenía un precioso galgo afgano, una mamá sorda y un papá inventor. Lupe era una niña divertida y buena. Todo el mundo decía que era muy expresiva. Haber aprendido lenguaje de señas le ayudaba a sonreír con los ojos, le permitía construir un sueño con un gesto y, usando la danza de sus manos, hacerte viajar sin moverte de tu asiento. Pero Lupe también se enojaba, y ¡vaya si se enojaba! Principalmente, y con razón, cuando alguien, irrespetuoso y necio, le decía que su madre era rara y que ella, por tener una madre sorda, nunca sería tan inteligente como los demás. Cuando se enojaba tanto sólo podía gritar y romper cosas. Después, se sentía muy mal y se ponía muy triste. En esos momentos sólo la consolaba pasar mucho tiempo peinando a Kauil, su galgo. Pero romper cosas era ya una historia del pasado, porque Lupe era hija de Tomás el inventor, y con su ayuda ahora sabía cómo manejar bien sus enojos.

Como ocurre con la mayoría de los grandes inventos, Tomás había descubierto, con muchas horas de trabajo, pero finalmente casi por casualidad, cómo transformar los enojos en algo muy positivo. Una tarde Lupe regresó del colegio enojadísima. Entró en casa dando un portazo y bajó al garaje donde estaba su padre trabajando en un nuevo invento, esta vez para el parque de diversiones de la ciudad. El dueño del parque le había encargado construir aviones para niños que pudieran volar con pedales. Y ahí estaba él con su primer prototipo pensando cómo conseguir que, con la energía generada por el pedaleo de un niño, ese objeto volara. Lupe rompió su concentración:

—Me han puesto un 6 en el examen de matemáticas, y mi examen merece un 8 —gritó.

—Cariño, la nota no es lo importante, lo importante es aprender. No pasa nada, el siguiente te saldrá mejor —le dijo Tomás, intentando apaciguarla.

—Sí, sí pasa, porque mi examen merece un 8, es totalmente injusto.

Viendo que no iba a ser fácil sacar a Lupe de su enojo, Tomás decidió distraerla.

—Mira, Lupe, tengo una idea: ¿por qué no nos subimos al avión de juguete que estoy construyendo? Igual te ayuda que juguemos con él —sugirió su padre.

—No creo que eso pueda ayudarme, papá, me ayudaría tener mi 8.

—Confía en mí. Mira, siéntate en el asiento que tiene pedales, yo me sentaré en el de al lado —le indicó su padre mientras la empujaba para que subiera al avioncito.

—Muy bien, me subo. ¿Ahora qué tenemos qué hacer, papá? —dijo Lupe mientras se sentaba.

—Vamos a hacer una cosa. Dime de nuevo por qué estás enojada y al terminar pedaleas fuerte, verás que con el pedaleo te va a salir toda la rabia de dentro. Empecemos.

—Me enoja que me calificaron injustamente mi examen —gritó y pedaleó.

—Muy bien, cariño, has pedaleado muy fuerte, ya se ha ido parte de ese enfado. Sigamos. Y ¿qué es lo que más te molesta de esa injusticia? Dímelo fuerte y vuelve a pedalear.

—Que había estudiado mucho, que lo hice bien, merecía mi 8.

—Muy bien, hija, sigue pedaleando y verás cómo terminas eliminando todo ese enojo.

Lupe siguió pedaleando con todas sus fuerzas. Con tantas fuerzas que el avioncito comenzó a despegar y salió volando por la ventana, que afortunadamente estaba abierta. Su padre no sabía cómo, pero lo había conseguido: era posible que volara con el pedaleo. Sobrevolaron las casas de su calle y la zona comercial. Pero a la altura de la frutería, se acabó la energía del avión y aterrizaron bruscamente entre tomates y lechugas.

—¡Lupe!, lo he conseguido: los aviones que he diseñado pueden volar con pedales.

—Yo también lo he conseguido, papá, ya no estoy enojada.

Tomás no sólo había descubierto que sus aviones para niños podían funcionar con pedales. También, y esto era más interesante, que la enorme energía que contenía un enojo podía ser muy útil, si se usaba adecuadamente. Ilusionado, se puso a trabajar en paralelo en dos inventos. Continuó con los aviones y comenzó a idear cómo poder recoger toda la energía de un enojo mientras la persona se desahogaba. Si la recogía y almacenaba podría tener una herramienta genial para solucionar aquello que había causado el enojo. De esa manera, Tomás inventó tanto la emoticidad, una especie de electricidad emocional, que se medía en sentivatios. Trabajó muy duro hasta que terminó la emocicleta. Justo la tarde que la dio por concluida, Lupe irrumpió en su garaje-taller-laboratorio muy enojada por lo que le acababa de pasar en casa de Luna, su mejor amiga, mientras estudiaban juntas. Se había llevado a casa de Luna sus últimos dibujos para enseñárselos. La perra de Luna, Tequila, una pastor alemán muy traviesa, mientras resolvían problemas de matemáticas le había mordido el bloc, estropeando varios de sus dibujos. Con todo el disgusto de haberlos perdido atenazándola y envolviéndola entró en el taller de su padre, en busca de consolarse con él.

—Papá, Tequila se comió mis últimos dibujos —dijo furibunda.

—Pues tengo algo para ti, Lupe. He terminado mi último y mejor invento, la emocicleta. Vamos a usarla para que te desahogues y para llenar una batería de sentivatios.

—¿Una batería de senti qué? —peguntó Lupe sin entender muy bien qué le decía su padre.

—De sentivatios. Déjame que te explique. He creado esta máquina que te permite librarte del enojo, sacarlo de dentro de ti, para que no le haga daño a tu corazón. Por otra parte, consigue quedarse con la parte buena que tienen los enojos.

—¿Los enojos tienen una parte buena, papá?

—Sí, claro, hija, los enojos tienen dos cosas buenas. La primera es que sirven de alarma para detectar cuando nos han tratado injustamente o mal, cuando algo que no hemos conseguido o que nos han estropeado otros es muy importante para nosotros. Y la segunda es que nos llenan de fuerza: los enfados tienen potencia, tienen mucha energía. La energía bien empleada es buena. Si conseguimos redirigirla en solucionar aquello que nos enojó, habremos transformado algo malo en una oportunidad de mejora.

—¿Esto es lo que hace la emocicleta? —preguntó Lupe, porque era muy inteligente.

—Precisamente, ven a comprobarlo. Móntate, responde lo que te vaya saliendo en su pantalla y pedalea con fuerza, como hiciste el día que salimos volando en el avión de juguete.

Lupe obedeció, esperó a que su padre la encendiera y siguió las instrucciones.

La pantalla de la emocicleta lanzó un mensaje que decía: "Cuéntame qué te hizo enojar y cuando lo hagas pedalea con fuerza".

—Me enoja que Tequila se haya comido mis dibujos.

"Pedalea, Lupe, pedalea con fuerza y con cada girar de los pedales expulsarás un poco de todo ese gran enfado que te llena por dentro."

La pantalla lanzó luego otro mensaje:

"¿Qué es lo que más te duele de haber visto rotos tus dibujos?"

—Que los pinté durante muchas horas y que me quedaron muy bonitos.

"Normal, qué rabia da que te rompan algo tan bonito, pedalea, pedalea con fuerza, y con cada girar de los pedales expulsarás un poco de todo ese gran enojo..."

Tras este mensaje, la pantalla volvió a cambiar y lanzó otra pregunta más.

"¿Qué te gustaría decirle a Tequila después de haberse comido tus dibujos?"

—Que no está bien lo que ha hecho, que tenía que haber respetado mis dibujos, que estoy muy enojada y molesta con ella, que no se ha portado bien.

"Claro que sí, eso no está bien, no hay que romper nada de otra persona, menos aún si es algo muy valioso como tus dibujos. Es que estuvo muy, muy mal, fatal lo que hizo Tequila. Pedalea con fuerza, Lupe, pedalea y con cada girar de los pedales expulsarás un poco de todo ese gran enojo que te llena por dentro."

Lupe pedaleó un rato más y se detuvo.

—Papá, ya me siento mucho mejor. Me he aliviado tras pedalear.

—¿Ves? La emocicleta funciona. Ahora espera, que nos queda lo mejor.

Tomás abrió una pequeña compuerta instalada debajo del asiento de la emocicleta y sacó un pequeño frasquito que brillaba como si fuera radiactivo.

—Mira, hija, esto es una batería de sentivatios, tiene muchísimo poder positivo. Verás.

El padre de Lupe metió la batería de sentivatios en un lapicero que también había inventado. Y se lo ofreció a Lupe junto con un bloc de dibujo nuevo.

—Pinta, cariño. Estoy seguro de que los dibujos que se comió Tequila los sigues teniendo en tu cabeza. Trata de pintarlos de nuevo con este lápiz.

Lupe tomó el lápiz y obedeció a su padre. Con una insólita fuerza y destreza fue capaz de pintar, con una rapidez inusitada, un dibujo tras otro.

—Papá, conseguí hacer dos dibujos, que antes me llevaron una hora cada uno, en diez minutos. Ha sido gracias a la emoticidad.

—Ha sido gracias a tu propia energía, a la fuerza que tu cuerpo reunió por medio del enojo.

—Éste es el mejor de tus inventos, papá. De ahora en adelante no volveré a romper cosas, mejor me subiré a la emocicleta.

Satisfecho, el padre de Lupe la dio un gran abrazo.

—La emocicleta estará a tu disposición siempre que la necesites.

La semana siguiente Lupe volvió a enojarse en serio, quizá fue el mayor enojo que había tenido nunca. La emocicleta se enfrentaba a un gran desafío.

Lupe se había enojado porque su madre se había caído en la calle, haciéndose mucho daño y rompiéndose un hueso de la muñeca. Su barrio estaba muy poco iluminado por la tarde, cuando ya desaparecía el sol, y por la noche, porque el municipio no invertía en el alumbrado público, lo cual hacía que se viera muy mal. Una bicicleta, que ella no pudo ver, pasó a toda velocidad al lado de su madre. Si la calle hubiera estado más alumbrada, la habría podido distinguir con tiempo. El ciclista timbró, pero la madre de Lupe, obviamente, no pudo oírlo. Cuando lo vio, ya era tarde. La banqueta era muy estrecha, lo que hizo que el ciclista golpeara con su codo a la madre de Lupe, tirándola al suelo con fuerza. El ciclista no se paró para ayudarla, ni miró hacia atrás.

Lupe se subió a su emocicleta, necesitaba pedalear mucho para soltar su enojo. Pedaleó con fuerza. Llenó una primera batería de sentivatios y se la llevó a su padre.

—Papá, tengo una batería cargada, acompáñame a la calle, te necesito.

—¿Qué quieres hacer con esto, Lupe?

—Ven, ahora lo entenderás.

Lupe llevó a su padre hasta el primer arbotante de la calle.

—Quiero que cargues el arbotante con la batería y que hagas que luzca fuerte.

—Está bien, hija, ahora entiendo. Esto es fácil —dijo el padre de Lupe mientras, con sus conocimientos de inventor, cargaba el arbotante.

Visto el éxito con ese primer arbotante, Lupe volvió a la emocicleta y pedaleó toda esa noche hasta que llenó tantas baterías de sentivatios como arbotantes había en su calle. Su padre hizo el resto. Y desde entonces, cuentan los vecinos del barrio de Lupe, los arbotantes siguen luciendo de día y de noche sin que haya nada ni nadie que les impida seguir alumbrando.

EL DESVÁN CEREBRAL DE LOS RECUERDOS

—Vamos, vamos. Dense prisa, acaba de llegar una nueva remesa de lágrimas. Con ella podremos apagar el brillo de otro puñadito de situaciones, de las que vivimos con Kauil, y transformarlas en recuerdos eternos —gritó un neuroduende desabrillantador.

—Salimos en cinco centésimas de segundo rumbo al desván cerebral de los recuerdos. ¿Tienen algo de material para nosotros, para que lo coloquemos en las estanterías? —preguntó un neuroduende transportista asomando las dendritas por la ventanilla del camión recién mielinizado que conducía.

—Sí, sí, acabamos de eliminar de acciones cotidianas dos momentos más, éstos ya se pueden transformar en recuerdos. Uno, el momento de irnos a dormir con Kauil y decirle buenas noches mientras él se tumba en el suelo a los pies de la cama. Dos, el momento de ponerle cada mañana su comida en el plato, para después meter nuestra taza de leche en el microondas —respondió otro neuroduende desabrillantador.

Toda esta actividad bullía dentro del cerebro de Lupe. Kauil, su precioso galgo afgano, color canela, que llevaba con ella desde que tenía tres años, había muerto hacía un mes. Le habían detectado un tumor en el estómago que había apagado su vida antes de que ella y toda su familia pudieran asimilar lo que estaba pasando. Tras el trágico momento, el cerebro de Lupe estaba en una actividad frenética; sin embargo, en apariencia estaba apática y suspendida. No tenía ganas de nada y sólo encontraba fuerzas para llorar. Lloraba cuando se levantaba por la mañana. Lloraba cuando cruzaba las puertas del colegio. Cuando regresaba a casa, a la que antes era hora de sacar a Kauil a dar su paseo vespertino y, por supuesto, a la hora de irse a dormir. Lupe empezaba a sentirse no sólo triste sino también muy perdida. Quería disfrutar de las cosas que antes le parecían divertidas e interesantes, pero no podía remediarlo, ahora todas se le figuraban grises y sin interés alguno. Necesitaba llorar, pero empezaba a agobiarla la necesidad de llorar tanto. También necesitaba no hacer nada, estar sola, pero ya se angustiaba por todo lo que estaba dejando de hacer. Se le pasaba llevar hechas las tareas, entregar trabajos, quedar con sus amigas. Todo esto la agobiaba, se sentía débil, perezosa y diferente del resto de los niños. Un día ese agobio se acrecentó tras los comentarios de varios profes.

—Niños, niñas, vamos a corregir en el pizarrón las tareas que mandé ayer. Comencemos, problema número 4. Guadalupe, ¿lo trajiste hecho? —le preguntó Marisa, su profe.

—No, profe, lo volví a olvidar, lo siento, estoy un poco despistada —se disculpó Lupe.

—¿Otra vez? Van dos semanas seguidas que pasa lo mismo, Guadalupe, tienes que superar ya lo de tu perro, ha pasado suficiente tiempo como para que lo dejes atrás. La vida sigue. Tienes que espabilarte —le espetó con dureza.

Siguió el profesor de educación física.

—Niños y niñas, tengo una sorpresa: hoy les voy a dejar que hagan juego libre, futbol, basquetbol, volibol, poner música quienes quieran bailar —les dijo Rodrigo, el profe.

Todos saltaron de alegría, menos Lupe, que decidió sentarse en un rincón a observar a sus amigas mientras jugaban futbol.

—Lupe, ¿qué haces ahí sentada? Mira a todos tus compañeros, están súper felices. ¿Y tú?, ahí parada sin ilusión ninguna. Tienes que poner de tu parte y disfrutar de las cosas divertidas para salir de la tristeza por lo de tu perro.

Lupe, tras este día de colegio, regresó a casa completamente desmoralizada. Cuando entró por la puerta, Nicole, su madre, le vio el rostro roto de dolor y se preocupó mucho.

—Cariño, ¿qué te pasa? ¿Te sucedió algo malo en el colegio? —le preguntó, intranquila, su madre en lenguaje de señas.

Lupe rompió a llorar y le contó lo que le habían dicho sus profesores.

—Creo que tus profesores han actuado con muy buena intención, pero se han equivocado. Me gustaría explicarte en qué creo que no tienen razón. ¿Te parece? —le preguntó Nicole.

—Sí —respondió Lupe mirando al suelo.

—Vámonos al laboratorio de papá. Allí lo haremos mejor.

Lupe obedeció; a final de cuentas, su madre era neuróloga, debía saber bastante de lo que estaba pasando dentro de su cabeza. Entraron juntas en el taller-laboratorio de Tomás.

Nicole le pidió que se sentara junto a ella en el gran sofá en el que Tomás empezaba a inventar sus objetos mágicos. Y comenzó a explicarle a Lupe.

—Hija, sé que estás muy triste, que sientes que eres débil porque no puedes vencer esa tendencia que te lleva a estar como detenida y anestesiada ante la alegría. Pero todo lo que estás experimentando es sano, es lo que tu cerebro tiene que hacer.

—Pero, mami, creo que mi cerebro debería hacer las tareas y jugar con mis amigas.

—Nuestro cerebro es una máquina muy compleja y precisa, que está compuesta por una especie de duendes, súper capaces, que se llaman neuronas y cadenas neuronales. Estos neuroduendes tratan de mantener constantemente organizada, con sentido, la información que habita en nuestro cerebro. Cuando perdemos a alguien, de la manera tan inesperada y dolorosa en la que nosotros hemos perdido a Kauil, nuestro cerebro se enfrenta a una situación muy difícil e incoherente.

—¿Incoherente por qué, mamá?

—Porque de repente miles de acciones cotidianas dejan de existir, de ser posibles, ya no están. No podemos hacer algo que hasta hacía cinco minutos realizábamos todos y cada uno de los días y, en algunos casos, muchas veces cada día. En un segundo, lo que pertenece al hoy, al cada día y al siempre pasa a formar parte de las propiedades del nunca. ¿Te acuerdas de lo que decía Peter Pan constantemente y tanto nos gusta?

—Sí: nunca digas nunca jamás.

—Precisamente. Pues, tras la pérdida de un ser querido, pasa lo contrario: siempre tienes que decir nunca jamás...

—Nunca jamás volveré a cepillar a Kauil, nunca jamás volveré a dormir con él, nunca jamás me volveré a bañar en el río con él, nunca jamás lo podré volver a acariciar... —dijo Lupe, echándose a llorar.

—Sé que duele mucho, cariño. Además, no sólo es dolor, es también un cambio en la categoría a la que pertenecen estas acciones que ya no podemos hacer. El cerebro tiene un lugar para las acciones que puede hacer y que hace a diario. Tras morir Kauil, todas estas acciones: cepillarlo, dormir con él, acariciarlo, ya no pertenecen a esa categoría y, por lo tanto, tienen que estar en otro sitio de nuestro cerebro.

—Y ¿quién cambia de sitio esa información? —preguntó Lupe.

—Los neuroduendes. Además, para poder hacer esa mudanza necesitan dos cosas. Primero, apagar la intensidad que tiene la información de esas acciones que eran cotidianas. Hacer que sea menos brillante. Como cuando bajas el brillo de una imagen en la pantalla de la computadora.

—Y ¿cómo se hace eso? Porque en la computadora basta con oprimir la tecla del brillo.

—Nuestro cerebro hace lo mismo con nuestras lágrimas. Por eso cuando perdemos a alguien muy importante tenemos que llorar. Los neuroduendes desabrillantadores toman las lágrimas y con ellas apagan el brillo de las acciones que ya no podemos realizar.

—Y ¿qué pasaría si no lloráramos y los neuroduendes no pudieran apagar esta información? —le preguntó Lupe intrigada a su madre.

—Uf, esto es muy peligroso. Cuando sucede esto, por una parte la persona se enferma, puesto que vive en una incoherencia. Aún tiene en su cabeza registrado como cotidiano algo que no va a volver a suceder. Pero pasa otra cosa también terrible. Y es que no se pueden crear recuerdos. Esa información acaba estallando y se va al desván del olvido, en lugar de al desván del recuerdo. Cuando todo va bien y se apaga la información de lo que ya no va a estar, esa información se convierte en recuerdos y se guarda en el lugar del cerebro destinado a ellos.

—Y déjame adivinar, mamá: de nuevo los responsables de cambiar esa información de sitio son los neuroduendes.

—Así es, los neuroduendes transportistas. Mira esas fotos de papá recogiendo premios por sus inventos colgadas en la pared. Ves que están en blanco y negro. Son recuerdos, esos momentos ya no van a volver. Muchos de los inventos de papá quedaron obsoletos, como las cabinas de teléfono, pero están aquí guardados. El cerebro hace lo mismo con nuestros recuerdos. Apaga esa información, sólo así la puede conservar, transformándola en recuerdos guardados en el desván cerebral de los recuerdos.

—¿Por eso lloro tanto, mamá, porque estoy apagando tantas cosas que hacía con Kauil?

—Precisamente eso, cariño. Por eso no te agobies: tienes que llorar, es lo sano. Tu cerebro y los neuroduendes lo necesitan. A medida que apaguen y coloquen toda esa información, ya no necesitarán lágrimas. En ese momento dejarás de llorar.

—Y, mamá, ¿también por todo esto no tengo fuerzas para hacer la tarea?

—Claro, también. Aunque te veas parada, tu cerebro está trabajando mucho, está moviendo de sitio muchas cosas. Si hiciera otras, no podría encargarse de la mudanza que ahora tiene que hacer. Cuando los neuroduendes terminen la mudanza, volverán a aplicarse en las tareas.

—Y, mamá, ¿por qué no me alegro con las cosas que antes me gustaban?

—Porque si hicieras esto no permitirías que se apagaran todos los datos sobre Kauil que se tienen que apagar. Sin apagar, se romperían y se irían al olvido. Si te pones alegre, tu cerebro se llena de luz, no se puede apagar algo si estás llenando de luz todo aquello que lo contiene.

—Entonces no es que yo sea débil y triste.

—Claro que no, eres normal, fuerte y alegre. Permítete estar triste, es como tu cerebro necesita estar, aunque tus profes, y puede que algunas personas más por ahí, no lo entiendan.

Con el apoyo de su mamá, Lupe se permitió su tristeza, tan necesaria y útil, y fue apagando y colocando sus recuerdos. Esto hizo que un buen día su tristeza desapareciera, porque ya había cumplido, poco a poco, su misión y no era necesaria. Lupe había aceptado que Kauil ya no volvería porque ahora podía tenerlo para siempre en su recuerdo. Ahora podía decir que nunca jamás Kauil estaría en el olvido.

9

Pautas generales de intervención

INTRODUCCIÓN

Para poder conectar con el mundo emocional de nuestros hijos o alumnos es necesario partir de una serie de premisas o ideas generales que sirvan de impulso o trampolín para que, en el próximo capítulo, desarrollemos estrategias concretas de intervención en el ámbito emocional. Por ello en este noveno capítulo expondremos algunas ideas básicas que debemos conocer para ayudar a nuestros hijos en el difícil manejo de sus emociones.

PASAR DE LA HETERORREGULACIÓN A LA AUTORREGULACIÓN

Uno de los conceptos más importantes cuando hablamos de educación emocional es el de *homeostasis*. Ya vimos que el concepto proviene del griego y significa "equilibrio". Los seres humanos, y el resto de los animales, tendemos al equilibrio en todos los aspectos de nuestra vida, y el ámbito emocional no es una excepción. Por ejemplo, cuando tenemos hambre, para recobrar esa homeostasis tendemos a comer algo. Si tenemos frío, nos abrigamos. Si tenemos sueño, tratamos de dormir. En el caso de las emociones, cuando algún acontecimiento nos desregula, tendemos a buscar de nuevo el equilibrio que nos devuelva a la calma y tranquilidad.

En cuanto se refiere al equilibrio emocional o afectivo, decimos que el adulto que hoy en día es capaz de autorregularse y poner en marcha una serie de estrategias y recursos para calmarse y sentirse aliviado por su tristeza (o la emoción de la que estemos hablando) ha sido un niño cuyos padres han dedicado un tiempo importante a regularlo cuando lo necesitó. Alguien que cuando era pequeño no ha sido atendido ni calmado por sus padres no va a ser capaz de autorregularse en un futuro. De ahí la importancia de que los adultos (padres, madres, maestros, etcétera) sepan controlar y regular sus impulsos y emociones para que les puedan enseñar a sus hijos o alumnos. A la hora de enseñar determinada estrategia emocional, es mejor tener padres competentes en habilidades emocionales que no tenerlos. Todo esto queda muy claro, pero ¿cuáles son los pasos que se han de seguir? Para poder llevar a cabo esa lenta y trabajosa transición de pasar de que nos heterorregulen a poder autorregularnos nosotros mismos, vamos a tener que atravesar las tres siguientes fases:

1. *Autorregulación del adulto*: el adulto debe ser capaz de autorregular sus propias emociones; en caso contrario, será muy difícil que pueda ayudar a su hijo a gestionar las suyas. Por analogía: si no sé inglés, no va a ser posible que le pueda enseñar ese idioma a mi hijo.
2. *Heterorregulación del menor*: cuando el adulto es un experto en el manejo de sus propias emociones, está en disposición de ayudar a su hijo a domar y gestionar sus emociones. Como ya hemos comentado, a este proceso se le conoce con el nombre de *heterorregulación emocional*.
3. *Autorregulación del niño*: finalmente, después de muchos años de práctica, el niño es capaz de autorregularse en la gran mayoría de las ocasiones. Es imposible que nos regulemos a nosotros mismos si nunca fuimos calmados y heterorregulados cuando éramos pequeños.

TODOS LOS NIÑOS QUIEREN PASAR POR EL ARO

Los niños saben que su supervivencia, protección y bienestar depende, principalmente, de sus padres, motivo por el cual más les vale hacerles caso. Todos los niños quieren cumplir con las expectativas de sus padres, verlos contentos y orgullosos por lo que son y lo que hacen. En ocasiones no logran alcanzar los objetivos que les proponemos por diferentes motivos, pero eso no quiere decir que no quieran logarlos. ¿Qué lleva a que un niño no cumpla con nuestras expectativas? Generalmente es porque, o bien hemos puesto un objetivo inalcanzable para el niño, o tiene miedo de fracasar o de ser señalado y criticado.

Aunque puedan ser varias las razones que les pueden llevar a los niños a no pasar por el aro, es decir, cumplir con nuestras expectativas, objetivos y exigencias, debemos tener en cuenta que absolutamente todos quieren pasar por él. Otra cosa bien diferente es que no puedan o sientan alguna emoción que les dificulte. Siempre quieren, pero no siempre pueden. Por lo tanto, ¡cuidado con ese dicho popular que dice "Si quieres, puedes"!, porque en un porcentaje importante de los casos es falso. Nuestros hijos siempre quieren, pero no siempre pueden.

DIFERENCIAR ENTRE CULPA Y RESPONSABILIDAD

En muchas ocasiones tendemos a tomar como sinónimos *culpabilidad* y *responsabilidad*, pero nada más lejos de realidad. Tanto los padres como los maestros somos responsables de todo lo que hacen nuestros hijos y alumnos, pero ser responsables no quiere decir que seamos culpables. Todo lo que hacemos es por su bien y con la mejor de las intenciones. Vivimos en una sociedad donde la culpa está a la orden del día, pero creemos que no tiene nada de beneficioso ni adaptativo el hecho de sentirse culpable. Por ello resulta más efectivo y positivo hablar de responsabilidad. Los padres somos responsables de lo que les pasa y de cómo "enfocamos" el futuro de nuestros hijos, pero en ningún caso somos culpables.

LO QUE CURA ES EL VÍNCULO

Algo que se ha demostrado en numerosas investigaciones sobre psicología es que lo que hace que la terapia sea exitosa es la alianza terapéutica entre el psicoterapeuta y el paciente. Si establecemos un símil con la educación, podemos decir que lo que soluciona las dificultades y los conflictos que surgen tanto en la casa como en el colegio es una buena relación con los padres y los maestros. De ahí que digamos que lo que cura es el vínculo. Por ello se hace imprescindible conectar con las emociones de nuestros hijos. Si dedicamos tiempo a intentar entender y atender a nuestros pequeños, conseguiremos amortiguar las dificultades cuando lleguen. Además, de la misma forma que decimos que lo que cura es el vínculo, podemos decir que lo que trastorna o crea dificultades es el mal vínculo. En el capítulo que dedicábamos a hablar de los vínculos, decíamos que es imposible el no vínculo, ya que, para sobrevivir, los mamíferos necesitamos algún tipo de vínculo, aunque sea malo y negligente.

Si confiamos, creemos y acompañamos a nuestros hijos y alumnos, éstas serán condiciones que favorezcan un buen clima donde el niño pueda aprender, resolver conflictos y regular sus emociones; en definitiva, ser feliz.

MIRADA INCONDICIONAL

La mirada incondicional es uno de los pilares básicos de las relaciones que establecemos con nuestros hijos y, fruto de ello, será un factor de protección que permitirá una mejor conciencia y etiquetación emocional, así como una mejor regulación de las emociones. ¿A qué nos referimos con mirada incondicional? Pues la mirada incondicional es aquella que no juzga a la persona. Es así como debemos ver a nuestros hijos. Independientemente de cómo sean (educados o maleducados, saquen buenas calificaciones o no, sociables o menos sociables, etcétera), por encima de todo está nuestro amor incondicional hacia ellos. No debemos poner en duda el valor de nuestros hijos como personas. Podemos criticarlos por alguna conducta o actitud que hayan mostrado, pero jamás señalarlos por como son. Queremos a nuestro hijo por quien es, no por lo que hace o deja de hacer. Ésa es la verdadera mirada incondicional.

CUENTOS 10 Y 11. UN FINAL INESPERADO PARA CAPERUCITA ROJA Y LAS DOS AMIGAS

En este capítulo también hemos dejado dos cuentos, ahora muy diferentes entre sí y sin conexión el uno con el otro.

Por este motivo, explicaremos el primero de ellos, titulado "Un final inesperado para Caperucita Roja". Tras la explicación encontrarás el cuento. Posteriormente, explicaremos el segundo cuento de este capítulo, titulado "Las dos amigas", y después de la explicación tendrás el cuento.

¿Para qué el primer cuento, "Un final inesperado para Caperucita Roja"?

Una de las cuestiones más relevantes que se han explicado en este capítulo destinado a las pautas generales de intervención como padres ha sido cómo el vínculo cura. Del mismo modo que en psicoterapia es la relación psicoterapéutica que establecemos con el paciente lo que, en mayor medida, posibilita que éste cure sus heridas emocionales, especialmente si fueron provocadas por otro ser humano, la relación afectiva que los padres establecen con sus hijos es lo que permite que éstos se desarrollen sanamente. Ese vínculo, si es seguro, protector, responsable y responsivo, irá aliviando el sufrimiento que puedan experimentar los niños y las niñas a lo largo de su desarrollo y dotándolos de las capacidades y competencias emocionales para, en el futuro, cuando sean adultos, poder aliviar su sufrimiento por sí mismos. Y poder, mucho más adelante, tomar el ejemplo de sus padres, y ser ellos quienes alivien el sufrimiento de sus propios hijos.

Es tan importante para los niños y niñas tener un buen vínculo con sus padres, tan reparador para ellos tener esa sólida unión, que harán las adaptaciones necesarias para que la unión con su padre y madre sea de la mayor calidad posible. Del mismo modo, no tener una sólida unión con su madre o con su padre, no sentir esa mirada incondicional de la que se ha hablado en este capítulo, genera un gran sufrimiento en los menores. Tanto que, a veces, los niños pueden preferir cualquier cosa con tal de no experimentar esa falta de incondicionalidad. Por ese motivo, muchos niños y niñas maltratados, que son golpeados con asiduidad, prefieren pensarse a sí mismos como malos y explicarse los golpes de sus padres como consecuencia de su maldad, antes que asumir que tienen padres que no los quieren bien y que por eso los golpean. Porque asumir esto supondría asumir la falta de una unión amorosa e incondicional con sus padres.

Con este cuento queremos mostrar el impacto que puede tener en los niños el que sus padres no los hagan sentir verdaderamente queridos de manera incondicional.

UN FINAL INESPERADO PARA CAPERUCITA ROJA

Cuenta el cuento que Caperucita era una linda niña que se disponía a cruzar el bosque para llegar a casa de su abuelita y llevarle comida, pues había enfermado.

Su madre se despidió de ella repitiéndole una instrucción muy clara que le había explicado mientras desayunaban:

—Caperucita, ya sabes que la casa de la abuelita está al final del bosque, si sigues el camino que lo bordea llegarás sin problemas. Escúchame ahora bien lo que te voy a decir. Es muy importante que no te salgas del camino en ningún momento. El bosque es un lugar peligroso, si te adentras en él alguna de las criaturas que allí se ocultan podría hacerte daño. Debes ser una niña buena y prometerme que en ningún momento te saldrás del camino, ¿de acuerdo? ¿Me lo prometes?, ¿me prometes que no dejarás el camino pase lo que pase, que sólo caminarás por él, sin detenerte, hasta que llegues a casa de la abuelita? No quiero que me defraudes y terminar pensando que no eres mi linda Caperucita, de la que estoy tan orgullosa y, por eso, tanto quiero. Dime, ¿qué tienes que hacer para llegar bien a la casa de la abuelita?

—No salirme del camino, mamá —respondió Caperucita un poco agotada de oír a su madre repetir tanto este mensaje y sin poder prestarle toda la atención a su contenido. Una parte de ella tenía que alejarse de lo que su madre le estaba diciendo para no sentirse demasiado agobiada por ella.

—Muy bien, Caperucita, entonces, demuéstrame que eres la niña buena a la que yo quiero tanto —sentenció su madre.

Y así Caperucita, con su cestita colgada del brazo, llena de comida para su abuelita, emprendió su camino.

Cuando llevaba una hora caminando, comenzó a cansarse.

—Este camino es muy largo. Aún parece quedar mucho para llegar a casa de mi abuelita. Estoy cansada y aburrida de tanto andar —dijo, hablando consigo misma.

Para intentar distraerse un poco y hacer que el resto del camino le fuera más llevadero, Caperucita comenzó a mirar las flores que crecían en el bosque.

—¡Qué bonitas son las flores, cuánto me gustaría poder verlas de cerca! Crecen sobre una hierba que parece tan blandita; si me pudiera parar un rato a descansar, sería más fácil continuar luego mi camino. Además, mi abuelita está enferma, no ha podido salir a pasear en semanas, cuando se enfermó aún era invierno y las flores de la primavera no habían llegado. Mi abuela todavía no ha visto las flores este año, con lo que le gustan. Se me está ocurriendo una idea: le llevaré un ramillete de flores para alegrarle la habitación, seguro que con su compañía estará más feliz y se curará más rápido. Y, mientras le hago el ramillete, descansaré un poco tumbada en la hierba —pensó Caperucita.

Con estas ideas en la cabeza, Caperucita olvidó todo lo que le había dicho su madre y se adentró en el bosque.

Mientras Caperucita recogía flores, un lobo, que tenía la guarida cerca, olió el aroma de niña fresca, lo siguió y la descubrió, totalmente despreocupada, eligiendo las flores más bonitas de cuantas había en el bosque. Al verla, el lobo se escondió tras un arbusto para que la niña no lo pudiera ver. Estaba dispuesto a esperar que retomara su camino, seguirla y comérsela en el momento y lugar adecuados.

—Una campanilla azul y violeta para que recuerde el color del cielo en el final del atardecer, una amapola roja para que sienta que en mi corazón le guardo mucho amor, unas margaritas para cuando se sienta indecisa y florecillas amarillas para que recuerde los rayos del sol —canturreaba Caperucita mientras hacía su ramillete.

En estas estaba Caperucita cuando se le acercó revoloteando una mariposa que se le posó en la mano.

—¡Niña!, ¿qué haces en esta parte del bosque? No deberías andar por aquí, deberías seguir el camino por el que, imagino, ibas, pero del que te saliste. ¿No te ha enseñado tu mamá a no meterte en líos?

—¡Oh, no, bella mariposa, no!, lo he hecho, no me he dado cuenta y lo he hecho, ¡me he salido del camino!, y peor aún, he desobedecido a mi madre, nunca debí hacerlo —le dijo Caperucita a la mariposa, sollozando de sorpresa y decepción consigo misma—. No puedo creer que me haya pasado esto, que esté fuera del camino. ¿Cómo he llegado hasta aquí, mariposa? —aún bajo el asombro, le preguntó Caperucita a su recién conocida amiga—. No puede ser, no he seguido las indicaciones de mi madre y he faltado a mi promesa con ella. Tengo que volver al camino antes de que sea tarde y tenga problemas por lo que he hecho —dijo, decidida, mientras comenzó a andar en dirección al camino.

—Espera, Caperucita, si me dejas iré contigo y te acompañaré, no sé si mi ayuda te servirá de algo, pero al menos podrás tener compañía durante el camino —le dijo la mariposa.

—Te lo agradezco, mariposita, tu compañía hará que lo que me quede de camino, que no sé cuanto es, me resulte más llevadero; vayamos juntas, rápido.

El lobo salió del arbusto en el que se escondía y, relamiéndose, se dispuso a seguir a Caperucita hasta el que fuera su destino, para encontrar el mejor momento para comérsela.

Tras media hora más de camino, Caperucita comenzó a vislumbrar la casa de su abuelita.

—Mira, mariposa, allí está la casa de mi abuelita, muy pronto llegaremos y, al fin, estaremos tranquilas, tras el susto que me di por salirme del camino.

El lobo, satisfecho de no haber sido descubierto y de haberse enterado del destino de Caperucita, aceleró, por dentro del bosque, y consiguió entrar en la casa de la abuelita antes que la niña y su amiga la mariposa.

Cuando Caperucita entró en la casa le extrañó un intenso olor a bestia que inundaba el vestíbulo y el salón de su abuelita.

—Mariposa, vamos, acompáñame al dormitorio de mi abuelita, debe de estar allí tumbada en su cama.

Cuando Caperucita entró en el dormitorio, se le hizo más notorio el extraño olor.

Allí estaba su... ¿abuelita? Caperucita la encontraba rara, diferente. Con sorpresa comenzó a hablar con ella.

—Abuelita, abuelita, te traigo comida en esta cestita para que te recuperes pronto y te pongas bien.

—Grrr, grr, gracias, mi niña —respondió el lobo, tratando de suavizar su voz.

—Pero... abuelita, abuelita, ¡qué orejas tan grandes tienes! —preguntó Caperucita.

—Son para oírte mejor —respondió el lobo.

—Pero... abuelita, abuelita, ¡qué nariz tan grande tienes!

—Es para olerte mejor —contestó el lobo.

—Pero... abuelita, abuelita, ¡qué boca...!

—¡Caperucita, detente! —gritó la mariposa, interrumpiendo una pregunta que probablemente todos podríamos imaginar que iba a llegar.

—Grrr. ¿Qué te pasa a ti, mariposa? —gritó el lobo.

—Abuelobito, digo, abuelita, danos un segundo, tengo que hablar un momento con Caperucita, enseguida volvemos —dijo la mariposa mientras sacaba a Caperucita del dormitorio, a pequeños empujones de sus alas, hacia el salón—. Caperucita, en serio, ¿me puedes decir que no te estás dando cuenta de lo que está pasando? ¿De verdad te parece que quien está tendido en la cama de tu abuelita es ella? —le preguntó la mariposa.

—No, claro que no es mi abuelita: es un lobo, es el lobo que, dicen, vive en el bosque y ataca de noche a las ovejas del pastor —respondió Caperucita como si hubiera madurado de repente cuatro años de golpe.

—Entonces, ¿se puede saber qué estás haciendo siguiéndole la corriente a semejante alimaña? Estuviste a punto de preguntarle lo de la boca; si no te llego a parar estarías ya en su estómago.

—Ya, ya lo sé —asumió Caperucita cabizbaja.

—¡Pero reacciona, Caperucita! No podemos seguir por más tiempo aquí, ¡nos va a comer! ¿Es que no te das cuenta de que además eso mismo es lo que le pasó a tu abuelita? —le gritó la mariposa.

—Ya lo sé, mariposa. Ya lo sé. Pero ¿qué demonios quieres que haga? No tengo escapatoria. Mi madre me dijo bien claro: "No abandones el camino, Caperucita", y yo la desobedecí. No sé qué me pasó, no actué con mala intención, te lo aseguro, ni siquiera sé muy bien cómo tomé esa estúpida decisión de salirme del camino. Creo que me despisté, que me vencieron el cansancio y el aburrimiento. Ellos fueron más fuertes que yo y que la atención que le estaba poniendo a no olvidar las instrucciones de mi madre. Pero eso ya da igual, porque me salí del camino y la desobedecí. Mi madre no lo va a entender, ¡mi madre me va a dejar de querer, mariposa! ¿Crees que me importa que un lobo me coma cuando mi madre va a dejar de quererme? Ella me lo dice siempre: "Te quiero mucho, Caperucita, porque eres una niña muy buena". Y no he sido buena, por lo tanto, mi madre ya no me va a querer. Y ¿qué me dices de lo de mi abuela, cómo puedo enfrentar que por mi culpa el lobo se haya comido a mi abuela? Esto es imperdonable, todavía más imposible que me vuelvan a querer después de esto. Por lo que no puedo hacer otra cosa, no puedo enfrentar esta situación; por eso, mariposa... déjame entrar en esa habitación y enfrentarme al lobo. ¿Sabes, además, lo que creo que puedo hacer? Puedo convencer a esa bestia mala de una cosa: le puedo cambiar mi vida por mi libertad. Puedo convencerla de que no me coma a cambio de vivir para él el resto de mi vida. Yo lo cuidaré, le limpiaré su guarida, le cocinaré y lo entretendré. Es lo único que ya puedo hacer, mariposa.

Y la mariposa se quedó sin palabras para responder a Caperucita.

¿Para qué el segundo cuento, "Las dos amigas?"

Con este cuento queremos introducirnos un poco en el mundo de la adolescencia, que hasta ahora no hemos tocado, ya que hemos estado explicando los procesos del desarrollo emocional en niños y niñas. Pero no queríamos terminar el libro sin haber incluido algún fragmento en el que analizáramos, siquiera someramente, las particularidades de la adolescencia y el comportamiento que necesitan los adolescentes para terminar su desarrollo emocional adecuadamente.

La adolescencia es un periodo evolutivo en el que aún no se han adquirido todas las capacidades cognitivas adultas, así como todo el funcionamiento cognitivo maduro. Además, presenta una serie de necesidades afectivas propias, como sucede, también, en las etapas anteriores. No es lo mismo lo que afectivamente necesita un bebé recién nacido que un bebé de seis meses, un bebé de un año, un niño de dos años o uno de seis. No es lo mismo lo que afectivamente necesita un adolescente de 12 años que uno de 14, que uno de 16, que uno de 18, ni es análogo el funcionamiento cognitivo en cada una de esas edades.

Por lo tanto, para tener una buena relación y comprender a un adolescente tendremos que considerarlo como una persona en desarrollo que, tanto en su estilo de pensamiento como en sus dinámicas emocionales, no funciona aún al cien por ciento como un adulto, y ajustarnos a tal funcionamiento. A veces a los padres nos cuesta asumir esa idea, lo que nos puede llevar a exigir y a esperar de los hijos adolescentes un comportamiento adulto que no es posible y que, al no darse, genera frustración y conflictos.

Una de las características del pensamiento adulto es el uso de un razonamiento simbólico y abstracto fuerte, que nos permite:

- pensar en la realidad desde las representaciones de ésta;
- diferenciar entre lo que muestra la realidad y lo que verdaderamente es, pudiendo pensar que lo que vemos como real puede no serlo o que lo que vemos real en tiempo presente no tiene por qué ser necesariamente igual en un tiempo futuro, y
- comparar el mundo real con el posible, pudiendo pensar que diferentes realidades, familiares, relacionales, etcétera, pueden ser de otro modo distinto del que nos rodea o del que hemos experimentado.

Hasta que los adolescentes, en el final de la adolescencia media (16-17 años), tienen adquiridas estas capacidades cognitivas plenamente, aún utilizan la intuición o los pensamientos mágicos, como cuando eran niños, para interpretar la realidad. Esto los lleva a situarse ante la realidad creyendo que pueden conseguir cosas ciertamente imposibles de manera fácil, jugando no como los niños, con elementos fantásticos, sino con elementos de la realidad, pero combinados entre sí de manera fantasiosa. Esto los puede hacer vulnerables ante los engaños de los adultos (o de otros adolescentes más maduros cognitivamente y más maliciosos), al tener dificultades para concebir que algunos planteamientos de los adultos están dirigidos a embaucarlos y a aprovecharse de ellos, sobre todo si acompañan esos planteamientos con conductas falsas, pero de apariencia totalmente real.

El cuento de este capítulo pretende ser una herramienta para:

- Ayudar a los padres a comprender y aceptar que un adolescente, aunque sea inteligente, aunque quiera a su familia, aunque confíe en ella y le sea fiel y a sus enseñanzas, puede errar y verse envuelto en una percepción de la realidad —y de las personas— no realista. Desde ahí puede incluso poner por encima del criterio de su familia el de esa persona. Pero esto no quiere decir que la esté traicionando, sino que está, por una parte, tratando de dar peso a sus propias impresiones (algo que necesita), y, por la otra, que está siendo víctima de una equivocación de la que hay que ayudarle a salir en lugar de fustigarlo por haberla cometido.

- Ayudar a los padres a entender el proceso de razonamiento que ha llevado a sus hijos a equivocarse y por qué no han contado con la información necesaria para lograr que su percepción sea real. Y para, habiendo conseguido primero que los padres entiendan genuinamente a su hijo o hija, ayudarles después a encontrar vías adecuadas y eficaces con las que mostrarle que está errado, quizá tanto que puede estar en peligro o a punto de ello. Y para hacer esto de una manera firme pero no violenta, de un modo que le haga sentir al adolescente que se ha equivocado, pero que seguimos considerándolo valioso y, mucho más importante, querido. Incondicionalmente querido.

Este cuento también está dirigido a los adolescentes. En este caso, lo que se pretende es que ellos puedan entender que la prohibición de su familia proviene de motivos fundamentados. Que lo que lleva a sus padres a decirles que no a una de sus decisiones o a decirles que no les gusta alguna persona con la que han construido un vínculo afectivo (sea amoroso o de amistad) no es el oponerse a su criterio ni oponerse a ellos, sino que hay algo sobre esta realidad del adolescente que él mismo no ha podido ver por falta de experiencia o de información, o por estar en un estado emocional muy intenso que no le permite razonar adecuadamente (estar enamorado, ilusionado, entusiasmado por un deseo que, piensa, está a punto de cumplir). Y que, por lo tanto, sería adecuado tomar en consideración el planteamiento de sus padres y, posteriormente, hacerles caso.

Para todo esto, este cuento.

LAS DOS AMIGAS

María y Ana eran amigas de toda la vida.

Compartían muchas cosas. Las dos tenían una larga melena oscura, amigos en común, 18 años y un padre y una madre médicos, de familia de médicos de toda la vida.

Y ambas se enfrentaban ahora a la compleja decisión de decidir qué estudiar.

Tanto los padres de María como los de Ana soñaban con que sus hijas estudiaran medicina.

Pero algo en lo que coincidían también las dos era que ninguna de ellas quería estudiar esa carrera y que ambas le darían un fuerte disgusto a sus padres.

Decidieron transmitirles, el mismo día —eso sí, por separado: no querían celebrar un infarto colectivo— que habían deliberado, sopesado, reflexionado, contrastado... y dado todas las vueltas posibles a la decisión de qué estudiar, y habían concluido no estudiar medicina.

Aunque María y Ana compartían muchas cosas, también se diferenciaban en otras tantas, y la reacción de sus padres ante sus deliberaciones, contrastes y "sopesamientos" fue una de ellas.

Los padres de María respondieron con un tajante NO. "¿Estudiar bellas artes? Ni lo sueñes, somos una familia de médicos y tú seguirás manteniendo la saga de médicos que te precede. No hay más discusión posible, ni lo intentes, María. Además, bellas artes, a nosotros eso no nos gusta para ti, ése no es un oficio respetable, no, eso es imposible. Nos darías el disgusto más grande de nuestra vida si nos hicieras algo así. No vas a desgraciar nuestra vida con esto."

Los padres de Ana respondieron con un: "Hija, si a ti te hace feliz estudiar para ser actriz, adelante. Queremos tu felicidad y por lo tanto te apoyaremos en todo lo que sea bueno para ti y en todo lo que te realice. Para eso somos tus padres. Y confiamos en tu criterio y en tu inteligencia, por lo que, si has elegido esta profesión, es porque es verdaderamente aquello para lo que tienes vocación y con lo que podrás construir una trayectoria profesional con la que terminar de desarrollarte como persona adulta".

María empezó primer año de medicina y Ana, en una academia para prepararse las pruebas de ingreso en diferentes escuelas de arte dramático. Eligió ella misma la academia. Había visto la publicidad por internet, había visitado la escuela, todo el mundo allí le parecía encantador, todo eran halagos hacia ella y su talento. Todo era maravilloso.

Y esas maravillas las transmitió a sus padres médicos. "¿Cómo que te dijeron que te van a pagar por llevarte a hacer *castings*? ¿Te van a pagar a ti o tienes que pagar tú?" "No, no, me pagan, mamá, me pagan. Y vamos a ir a grandes eventos para aprender de protocolo. Y podremos participar en ciertas fiestas con actores famosos a cambio de hacer de modelos para cosas de moda." "Cosas de moda, Ana, ¿qué es esto? Hija, esto me suena raro."

"Que no, mamá, que son muy serios, y además todo el mundo allí me trata fenomenal, esa gente es muy encantadora, no pueden ocultar nada. No pienses mal, mamá."

"Hija, no es que piense mal, es que estoy en el mundo. Esas cosas no existen."

La madre de Ana investigó por su cuenta, habló con una amiga directora de teatro y descubrió que existían empresas que estafaban a chicas que querían ser actrices. Que las seducían con regalos, participaciones en *castings* para poco a poco ir pidiéndoles dinero para hacer ciertos cursos "imprescindibles" para la profesión, o incluso, en algunos casos más graves, para pedirles favores sexuales a cambio de papeles o contactos. La madre de Ana investigó sobre esta empresa y comprobó que se encontraba entre las que tenían tales prácticas.

Con esa información resultado de su investigación, la madre y el padre de Ana hablaron con ella.

—Mira, Ana, sabes perfectamente que respetamos tu decisión de no estudiar medicina, nos pareció fenomenal, si elegías algo bueno para ti y algo que te hiciera feliz. Pero vas a dejar inmediatamente esa escuela. Porque ese sitio no es bueno para ti, no te va a traer nada bueno y puedes acabar muy mal, y no vamos a permitir eso, sufriríamos demasiado porque te queremos.

—No, mamá, no sabes de lo que hablas, allí me tratan fenomenal, me dieron las llaves del local, me dejan el coche de la empresa, me presentaron a los jefes, me están metiendo en sus círculos incluso de amigos, me van a llevar a fiestas con empresarios que pueden poner dinero en mi carrera de actriz.

—Y lo siguiente, ¿qué será, Ana?

—Ana, mira... entiendo que con la información que te han dado a ti y con cómo te han tratado te hayas forjado ese punto de vista sobre esa academia, pero, hija, te falta información y yo ahora te tengo que hablar claro y explicarte lo que sé de esa academia.

Y la madre de Ana le contó todo lo que había averiguado con su amiga.

—Ana, te quieren engañar, hija, por eso son tan amables. Quieren halagarte para que luego aguantes cosas horribles.

—Entonces, no, no vas a estudiar en esa academia. Siento si piensas que somos como los padres de María, pero no hay más que hablar.

Tras esto, los padres de Ana también se disculparon con ella:

—Cariño, confiamos en ti y por eso te dejamos libertad en la elección de la academia y en todos los pasos para elegir qué y cómo seguir estudiando, pero ahora sentimos que nos equivocamos. No por ti, tú eres muy capaz, pero aún eres joven y no tienes toda nuestra experiencia, no porque nosotros seamos mejor que tú, sino porque hemos vivido más. Y ahora sé que, sin dejar de respetar tus elecciones, debimos acompañarte más en este proceso de elegir tu centro de estudios; discúlpanos, hija, nos equivocamos, en esto debimos haber estado más presentes. Pero no te preocupes, los errores son nuestros grandes maestros y rectificar es de sabios, afortunadamente no tenemos nada que lamentar por haber cometido esos errores en relación con este asunto, ahora transformaremos esa situación en una opción realmente buena para ti.

Y Ana y sus padres se dieron un sincero y reconfortante abrazo.

10

Estrategias específicas de intervención en el ámbito emocional

INTRODUCCIÓN

Son muchas las estrategias o habilidades emocionales que podemos poner en marcha para tratar de ayudar a nuestros hijos. En este último capítulo del libro trataremos de especificar algunas de las más efectivas, aunque algunas de ellas ya se han comentado en páginas anteriores. Vayamos con ellas.

HAZTE CARGO DEL MUNDO EMOCIONAL DE TUS HIJOS

Como venimos comentado y explicando a lo largo de todo el libro, para poder cumplir correctamente con nuestra función y labor de padres y madres se hace imprescindible que nos hagamos responsables de sus mundos emocionales, es decir, de todos aquellos aspectos que les preocupen, les susciten miedo, les entristezcan: aquellas situaciones que los enojen, etcétera. En definitiva, todas aquellas situaciones y emociones que los superen y que no sepan gestionar deben atenderse y entenderse por nuestra parte. Me gusta explicar siempre esta idea con la imagen de la mitología griega de Atlas soportando el mundo.

DEJA QUE EL HEMISFERIO DERECHO TOME LAS RIENDAS

Como continuación al punto anterior, para que yo me pueda hacer cargo del mundo emocional de mis hijos, se hace imprescindible que hablemos el mismo idioma. En el mundo emocional sólo se habla de emociones, no de razones o pensamientos (por lo menos, en un primer momento). Para ello, lo que debo hacer cada vez que mi hijo esté desregulado emocionalmente es activar el hemisferio derecho, es decir, el hemisferio emocional. Sólo voy a comprenderlo y atenderlo bien si soy capaz de entender su idioma, es decir, si activo el hemisferio que mi hijo tiene "encendido".

Hemisferio izquierdo del cerebro   Hemisferio derecho del cerebro

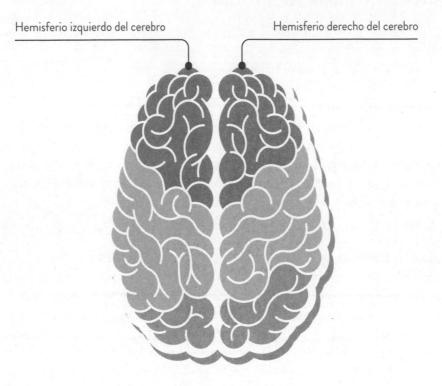

LEGITIMAR SUS EMOCIONES

Se nos antoja fundamental y básico poder legitimar, validar o aceptar las emociones. Como explicábamos en el capítulo sobre neuroeducación, las emociones nacen en el sistema límbico, metafóricamente llamado *cerebro emocional*. Si recuerdan, ese cerebro es automático, involuntario e inconsciente, lo que nos revela que no decidimos qué emociones queremos experimentar, por lo menos directamente. Por ese motivo, decimos que las emociones deben aceptarse y legitimarse siempre. De lo que me puedo hacer responsable es del correcto manejo de mis emociones e impulsos, cosa que hace la corteza prefrontal, pero nunca seré responsable de que surja una emoción u otra (sistema límbico).

NO RACIONALIZAR LAS EMOCIONES

Comentábamos que cuando una emoción se hace cargo del control de nuestra conducta, debemos tratar de entenderla desde el cerebro emocional para poder hablar un mismo idioma. Si tratamos de comprender una emoción desde la razón, estaremos activando el hemisferio izquierdo en vez del derecho. Decíamos que los padres y maestros que tienden a activar su hemisferio izquierdo (racional) ante la expresión de las emociones de sus hijos o alumnos son padres y maestros evitativos, ya que descartan el mundo emocional de sus hijos. Por ello, cuando nuestro hijo nos manifieste su miedo, rabia o alegría, debemos tratar de no racionalizar sus emociones (hemisferio izquierdo), sino tratar de comprenderlas desde el hemisferio emocional (derecho).

FOMENTA Y PERMITE LAS EMOCIONES DE DEFENSA

Las emociones desagradables o negativas tienen muy mala prensa. Aun así, tan necesario es ocuparnos de ese tipo de emociones como de las agradables. Emociones como la tristeza, la rabia, el miedo, el asco o el aburrimiento han de regularse igualmente, pues son parte de la vida. Habitualmente suelo comentar que los niños deben sufrir moderadamente con mamá y papá, porque ¿qué lugar mejor que con sus padres para aprender a regular sus emociones?

Una de las estrategias que suelo utilizar para aprender a gestionar el aburrimiento es lo que denomino la *técnica del sillón*. Al igual que aprendemos un idioma a base de practicarlo y aprendemos a montar en bicicleta montando en ella, a aburrirse se aprende aburriéndose. Lo que acostumbro hacer con mis pacientes que tienen dificultades para aburrirse es lo siguiente: les digo que tienen que buscar cinco minutos al día para sentarse en un sillón y permanecer ahí sin hacer nada. Cuando digo sin hacer nada, es nada. No pueden estar hablando con su madre o pareja, no pueden estar con el celular, ni escuchando música... en definitiva, uno aprende a aburrirse aburriéndose.

NOMBRAR PARA DOMINAR

Un estrategia muy efectiva y concreta es nombrar o etiquetar para dominar. Los diferentes estudios científicos han demostrado que, cuando una persona está desregulada emocionalmente, si alguien le dice la emoción que está experimentando, poco a poco se observará una disminución de la activación de la amígdala. Es tremendamente eficaz, aunque a veces es más rápida que otras. Ya sabemos que cada niño y cada persona tienen su tiempo.

Imaginemos que nuestro hijo sale del colegio llorando por una discusión que ha tenido con uno de sus mejores amigos. En el momento en que somos capaces, como figuras de apego, de decirle y nombrarle al niño la emoción o las emociones que está experimentando, conseguiremos que, poco a poco, dicha activación amigdalar vaya volviendo a su normalidad (*homeostasis*). No es lo mismo decirle: "Hijo, te sientes mal" que decirle "Hijo, te sientes triste por la discusión que has tenido con Álex".

ANTE EMOCIONES EXPLOSIVAS, HIPOACTIVA LA AMÍGDALA

Decíamos antes que una de las cosas que podemos hacer ante una emoción intensa es procurar reducir la activación de la amígdala mediante la etiquetación de la emoción que nuestro hijo esté experimentando. Pues bien, no es la única manera de reducir la hiperactivación amigdalar. Existen otras muchas maneras de poder controlar y gestionar de manera adecuada la amígdala. Veámoslas de manera resumida:

- Ponerte en marcha: cuando estamos muy activos, el movimiento consigue reducir dicha activación.
- Practicar técnicas de relajación y respiración.
- Gritar: siempre que se pueda, claro.
- Desviar la atención a otra cosa: es importante no abusar de esta estrategia.
- Salir de la situación o alejarte de la persona que te ha generado dicha emoción; por lo menos, hasta que estés más tranquilo y puedas volver.
- Abrazar: cualquier actividad que active el hemisferio derecho, como son los abrazos, el tacto, el cariño, un guiño de ojo, etcé-

tera. Siempre que conectamos nuestro hemisferio emocional conseguimos apaciguar la activación de la amígdala.

POTENCIA LA MADUREZ DE TU HIJO

Empecemos por hacernos una pregunta: ¿qué define la madurez de una persona? ¿Quizá su independencia? ¿La resolución de conflictos? ¿La capacidad de regular sus emociones?

Pues, según nuestra experiencia, la madurez se define con tres características o pilares fundamentales:

1. *Tolerancia a la frustración*: es muy necesario e importante que nuestros hijos aprendan a gestionar determinadas situaciones frustrantes.
2. *Capacidad de elaborar duelos*: el duelo es un periodo de inactivación y reflexión que aparece cuando sufrimos una pérdida (no sólo se da ante la muerte).
3. *Estrategias para enfrentarse al miedo:* ya hemos comentado que el miedo nos aporta información muy valiosa para adaptarnos a los diferentes entornos. Es necesario tener recursos y estrategias para enfrentarnos a nuestros miedos.

SITÚATE POR DEBAJO DE SUS OJOS

Una de las estrategias más sencillas para conseguir calmar a nuestros hijos cada vez que experimentan una emoción fuerte consiste en agacharnos para ponernos a su altura. Es una estrategia muy sencilla y muy efectiva. No sólo la llevamos a cabo los seres humanos, sino que el resto de los mamíferos también la practican, con resultados muy positivos. El hecho de que nos agachemos y nos pongamos a su altura hace que el niño sienta que queremos cooperar con él en vez de competir.

SI NO TE GUSTA EL COMPORTAMIENTO DE TU HIJO: ECHA

A todos nos gusta que nuestros hijos estén tranquilos y en calma para que puedan disfrutar. Pero, desgraciadamente, no siempre es así. Si ves que el comportamiento de tu hijo no es el adecuado, antes de poner en marcha estrategias de heterorregulación emocional, piensa en ECHA:

- *E* de enojado: ¿está enojado? Trata de averiguar el motivo de su rabia.
- *C* de cansado: a veces el comportamiento no es el adecuado no porque haya pasado algo, sino porque nuestro hijo está cansado.
- *H* de hambriento: el hambre suele hacer que nos comportemos de manera impulsiva y agresiva. ¿Quizá tu hijo tiene hambre y por eso se comporta así?
- *A* de aislado: el ser humano, al igual que el resto de los mamíferos, necesita vivir en grupo. Cuando los niños son aislados o dejados de lado, suelen mostrarse agresivos e irascibles.

¿CÓMO GESTIONAR ADECUADAMENTE UNA RABIETA?

La rabieta o berrinche es la forma más adaptativa que conoce un niño para manifestar su enojo. Por ello, como no dispone de estrategias de autorregulación ante la emoción de rabia, sólo le queda la opción instintiva y automática de tirarse al suelo y patalear. ¿Qué hacemos cuando nuestro hijo se porta así? Podríamos decir que existen dos tipos de rabietas bien diferenciadas. Es necesario saber qué tipo ha puesto en marcha el niño para poder saber cómo actuar ante ella:

- *Rabietas del cerebro inferior*: cuando hablamos del cerebro inferior nos referimos al cerebro reptiliano y al cerebro emocional, es decir, a los cerebros calientes y, por lo tanto, automáticos, involuntarios e inconscientes. Cuando la rabieta se da porque está activo el cerebro inferior es porque el niño tiene una necesidad que debe atenderse y cubrirse. Por lo tanto, ante este tipo de rabieta, debemos atender, acompañar y cubrir la necesidad que no se está cubriendo. Aquí el niño llora y patalea con "razón", por lo tanto, debemos hacer algo para ayudarlo a volver a la calma dándole aquello que necesite. Son las rabietas típicas hasta los tres años de edad, aproximadamente. ¿Qué puede necesitar? Ser calmado, ser abrazado, comer, dormir, etcétera.

- *Rabietas del cerebro superior*: cuando el niño experimenta una rabieta del cerebro superior es porque se han activado las zonas relacionadas al neocórtex, es decir, el cerebro frío. Aquí encontramos a niños más mayores que tienen la capacidad de "actuar" para conseguir algún beneficio. Si en las rabietas del cerebro inferior decíamos que existía una necesidad, en las rabietas del cerebro superior no hay ninguna, sino un deseo o capricho del niño. Por lo tanto, la manera de proceder en las rabietas del cerebro superior consiste en no atender la conducta del menor. Una vez que esté más tranquilo se hace necesario hablar con él.

CRITICA LA CONDUCTA, PERO JAMÁS A LA PERSONA

Es muy frecuente escuchar comentarios del tipo "Juan es un vago" o "María es muy mala". Creo que no somos conscientes de las implicaciones y consecuencias de estos comentarios sobre la autoestima de los niños. A lo largo del libro hemos diferenciado entre emoción y conducta. Es importante que seamos conscientes de que una cosa es la emoción que experimentemos y otra cosa bien diferente, la conducta asociada. Claro que podemos criticar y castigar la conducta de nuestro hijo, pero nunca su persona. El hecho de que no hayan preparado bien un examen no implica que sean unos vagos. Es mejor señalar una conducta concreta ("No te has esforzado lo suficiente") que criticar a la persona ("Eres un vago, siempre igual").

NO PROVOQUES A LA LAGARTIJA

Si recuerdan, el complejo reptiliano o el cerebro de reptil es la parte del cerebro donde se codifican las funciones básicas de supervivencia. Si ven que su hijo está encaprichado por alguna circunstancia, deben mantener la calma y no dejar que su cerebro de lagartija se active en exceso y, por lo tanto, se ponga a su nivel. Si ven que el niño está cansado, nervioso o con mucha rabia, en vez de activar su cerebro de lagartija (cerebro reptiliano), traten de activar el cerebro más racional y pensante (cerebro superior).

CONECTA Y REDIRIGE

Una de las estrategias más efectivas que conocemos para reconducir un estado emocional muy intenso de un niño consiste en conectar y redirigir. Es una estrategia que suele comentar Daniel Siegel. La fase de conexión consiste en activar nuestro hemisferio derecho para entender y comprender el hemisferio derecho del niño, es decir, comprender la emoción que el menor está experimentando. Sólo a partir de la comprensión de sus emociones podremos ayudarlo. Si no entiendo ni sé lo que le pasa, difícilmente lo voy á poder ayudar. Para ello se hace imprescindible la empatía, es decir, la capacidad de ponerme en el lugar del otro. Una vez que he sido capaz de conectar con mi hijo y lo he tranquilizado, podré poner en marcha la segunda fase: redirigir.

En esta etapa, el objetivo consiste en reconducir la situación explicándole lo sucedido y tomando decisiones de cara al futuro. Por ejemplo, se puede redirigir la emoción de tristeza diciéndole al niño: "Es normal que estés triste por el hecho de que se haya muerto tu perrito. Cuando perdemos a alguien querido no tenemos ganas de hacer nada y solemos llorar".

En conclusión, primero activo mi hemisferio emocional (derecho) para comprender la necesidad de mi hijo y, posteriormente, poder activar mi hemisferio lingüístico (izquierdo) y darle una explicación de lo sucedido así como tener herramientas y recursos para que en un futuro podamos gestionar mejor la emoción.

CUENTO-ACTIVIDAD 12. OBJETOS PARA PADRES

¿Por qué y para qué este cuento-actividad?

En este capítulo se han explicado estrategias para favorecer que nuestros hijos se desarrollen emocionalmente de una manera sana y equilibrada. Consideramos que para poner en marcha estas estrategias es necesario, por un lado, conocerlas y entender las acciones que se incluyen en cada una de ellas. Pero también es necesario que hayamos desarrollado y potenciado una serie de capacidades y competencias emocionales en nosotros mismos que nos permitan ejecutarlas. De este modo, en función de cuáles sean las capacidades emocionales que tenemos más desarrolladas y las capacidades que tenemos menos potenciadas nos costará más poner en práctica unas estrategias que otras.

Nos parece interesante, para acabar el libro, invitarlos a hacer una reflexión de las capacidades que, como padres y madres, tienen más potenciadas y de las que sería bueno ejercitar (todos y todas tenemos siempre que mejorar en algunas de las capacidades necesarias para desarrollar bien nuestro trabajo de padres).

Para hacer esta reflexión vamos a volver de alguna manera a los cuentos y al lenguaje metafórico. Hemos diseñado un cuento-actividad con el que les proponemos un juego que empieza por una reflexión, no sobre ustedes como padres y madres, sino sobre sus propios padres y el estilo de crianza que desarrollaron con ustedes. Creemos que analizar el estilo de crianza que tuvieron nuestros padres, su modo particular de darnos o no afecto, de cubrir nuestras necesidades o no, y cómo esto ha podido influirnos en el estilo de crianza que ahora nosotros seguimos con nuestros hijos e hijas es fuente de un aprendizaje muy valioso.

EL JUEGO DE LOS OBJETOS MÁGICOS

El juego que te proponemos es el siguiente. Queremos que te imagines que un hada mágica nos ha regalado la oportunidad de hacer un viaje muy especial. Nos ha regalado viajar al día en que nacimos. La persona adulta que somos hoy puede ir al día de nuestro nacimiento, al momento en el que nuestra madre nos tiene en brazos, con apenas pocas horas de vida, al lado de nuestro padre. El hada no sólo nos llevará a ese momento para vernos de recién nacidos sino que nos permitirá una cosa más. Nos dará la oportunidad de hacerle un regalo a nuestra madre y a nuestro padre, obsequiarle a cada uno dos objetos mágicos de una lista, que mostraremos a continuación.

Tenemos que pensar bien qué objetos de la lista le regalaríamos a nuestro padre y cuáles a nuestra madre: sólo dos para cada uno. El criterio que debemos seguir para elegir es pensar en qué objetos de la lista hubieran necesitado para haber hecho mejor su papel de padre y madre con nosotros; cuáles, de haberlos tenido nuestros padres, habrían hecho nuestra infancia y adolescencia más feliz o más fácil.

Primero lee todos los objetos de la lista y después elige dos objetos para tu madre y dos para tu padre.

1. *Unas pastillas anticontrol*: a veces los padres quieren saber, en todo momento, qué están haciendo sus hijos, qué les pasa por la cabeza y conseguir que las opiniones que sus hijos tienen sobre el mundo sean semejantes, por no decir iguales, a las suyas. Que esta madre cree que hay que vestir de una determinada manera, quiere que su hijo se compre la ropa del estilo que al padre le gusta. Que si la hija piensa distinto, le ponen mala cara, le retiran el afecto o incluso, los más necesitados de estas pastillas, la insultan. En relación con el tiempo libre de los hijos, los padres que necesitan estas pastillas quieren organizarlo todo para que el máximo posible de éste se dedique a la familia o a estar dentro de los confines de la casa familiar, reduciendo la libertad para pasar tiempo o hacer salidas con otras personas al margen de la familia al mínimo de los mínimos. Con estas pastillas, que este tipo de padre tomaría todas las semanas, esto no sucede: los padres permiten a los hijos ser ellos mismos, relacionarse y salir, sin despreocuparse de ellos, pero con libertad.

2. *Las inyecciones "El trabajo no lo es todo"*: con estas inyecciones, que se pondrán a diario los padres que tengan como prioridad absoluta el trabajo y que mucho, mucho después tengan como deseo acompañar a su hijo en su desarrollo, se consigue que el padre en cuestión disfrute dedicando el tiempo a la crianza de su hijo de la misma manera, al menos, que disfruta desarrollando su trabajo.

3. *Un detector de ayudas innecesarias*: algunos padres, antes de permitir que su hija intente hacer algo que aún no le sale bien, porque lo está aprendiendo, la ayudan o lo hacen por ella. Por ejemplo, su hija tiene un año y aún no puede subirse bien al columpio del parque, pero lo va a intentar. Cuando la niña empieza torpemente a intentarlo el padre o madre no la deja: automáticamente la sube al columpio. Con este comportamiento, esos padres impiden que lo siga intentando, cuando sin esa "ayuda" de los padres en una semana de intentos lo hubiera conseguido. Con este detector que

los padres llevarán encima, siempre que vayan a emitir una conducta de ayuda innecesaria, que como decía Maria Montessori es un obstáculo al desarrollo, oyen un fuerte pitido que los alerta de que deben dejar que el niño lo intente por sí mismo.

4. *Un silenciador de gritos innecesarios*: este silenciador se coloca en la garganta de los padres y hace que cada vez que vayan a decir algo gritando, cuando no existe necesidad alguna de chillar para emitir el mensaje que desean que capten sus hijos, su voz se module y emitan la frase que quieren decir pero sin gritar, en un tono normal y agradable.

5. *Un filtro que transforma palabras hirientes en palabras sabias*: este filtro se coloca en la garganta de los padres y hace que cuando dicen cosas como:

   o Eres tonta
   o Eres un bruto
   o Eres un vago
   o Si fueras más inteligente te hubieras dado cuenta de ...

   Automáticamente transforma sus expresiones hirientes en palabras sabias y dicen:

   o Hijo, sé que tienes capacidades para hacerlo mejor, pero no has tomado la decisión adecuada. Sé que eres inteligente, si has hecho esta tontería creo que es porque no te has fijado bien, no has prestado suficiente atención o porque tienes que esforzarte más. Tienes que utilizar tu inteligencia para hacerlo mejor y para aprender lo que aún no sabes.

6. *Una varita "permíteme que quiera a otro"*: esta varita toca a los padres que cada vez que ven que su hijo o hija quiere mucho a los amigos, valora y admira a un profesor/monitor, novio, etcétera, sienten emociones desagradables como celos, tristeza, molestia o rabia, cambiándolas por emociones de respeto y de seguridad. La varita les hace ver que los hijos pueden querer a otras personas, que es sano y que no por eso quieren menos a sus padres.

7. *Un "No me des tanto, dame lo importante... para mí"*: hay padres que cocinan constantemente los platos favoritos de sus hijos, que les compran de todo, que limpian la casa y no les piden que colaboren, que trabajan de sol a sol para que a sus hijos no les falte de nada pero que.... no preguntan nunca a sus hijos cómo están, no saben qué materias estudian, no detectan sus tristezas ni las permiten. Esos padres quieren que sus hijos "los endiosen como esos seres más importantes que nadie que son los padres". Con este objeto mágico los padres hacen sentir importantes a sus hijos porque les demuestran que se toman en serio lo que verdaderamente es importante para ellos, lo que de verdad les preocupa, lo que pasa por su cabeza o por sus emociones.

8. *El colgante "yo soy más importante que el qué dirán"*: con este colgante, que se les pone a los padres, éstos consideran que sus hijos son más importantes que lo que la familia, los vecinos, etcétera, piensen de sus hijos.

9. *La pócima "yo no soy como tú"*: con esta pócima los padres, que la beben una vez al año, entienden que para que sus hijos sean hijos adecuados no tienen que ser como ellos o no tienen que tener como objetivo alcanzar en la vida lo que sus padres no alcanzaron.

10. *Una chequera en blanco de besos y cariños*: para esos padres a los que les cuesta ser un poquito cariñosos está esta chequera. Se la entrega al nacer su hijo o hija y cada vez que tengan que dar afecto físico usarán su chequera infinita de besos y darán ese cariño que sus hijos tanto necesitan para desarrollarse bien.

11. *Una máquina para detectar ideas falsas sobre mí*: cuando los padres piensan sobre sus hijos cosas equivocadas, algunas muy comunes, como "A mi hijo le da igual todo", "Mi hija está deseando tener novio y se va con el primero que pasa", "Mi hijo es un tonto que se deja manipular por los amigos", esta máquina se activa y les ayuda a detectar qué le está pasando a su hijo por lo que se comporta así y dejan de verlo falsamente como negligente, vago o desesperado por una pareja.

12. *Un activador de compañía reconfortante*: cada vez que los hijos necesiten que sus padres estén a su lado y los acompañen en algo esta máquina se activará y hará que el padre o madre deje

lo que está haciendo, si no es imprescindible o urgente, y le haga compañía a su hijo.

13. *El libro de los errores sabios*: este libro, que los padres leerán una y otra vez, les mostrará que sus hijos tienen derecho a equivocarse y que el error es una fuente de aprendizaje necesaria y magnífica.

14. *Un ándale ma non tropo* (AMP): este objeto está especialmente diseñado para los padres que siempre están azuzando innecesariamente a sus hijos con frases como "Vamos, vamos, date prisa", "Ey, tienes que hacer las cosas más deprisa", "Anda, debes darte más brío, yo si fuera tú ya habría terminado las tareas y además habría recogido el cuarto", "Mira, tienes que aprovechar el tiempo y hacer cosas", "Deja de perder el tiempo". Con el AMP los padres ayudarán a sus hijos a encontrar un buen ritmo con el que hacer todas sus tareas, a que aprendan nuevas cosas y se construyan como personas con muchas capacidades, pero sin agobio ni estrés. Y, por supuesto, con tiempo para descansar.

15. *Un quita las ganas de superar tus complejos con mi éxito*: este líquido quitaganas hace que los padres que tienen complejos, que se sienten mal por no haber conseguido algunas de sus metas o sueños, pierdan el deseo de sentirse bien logrando que sean sus hijos quienes los consigan.

16. *Un champú despejacabezas de historias ajenas*: a veces la vida se complica mucho para los padres, por ejemplo, porque atraviesan una época en la que tienen más trabajo del que se puede sobrellevar. Porque están de repente a punto de perder del trabajo, porque a su padre o madre le detectan un cáncer y de repente tienen a una persona a su cargo que necesita muchos cuidados, porque pasan una mala racha como pareja. Todo esto puede llenar la cabeza de los padres de miles de historias dolorosas. Cuando esto pasa, el padre o madre en cuestión puede verse al lado de su hijo, pero con la mente en otra parte o llena de historias ajenas. Con este champú, que el padre en cuestión utilizará para lavarse la cabeza, se encontrará con la mente despejada de otros problemas para poder dedicarle una atención de calidad a su hijo.

17. *Unas vitaminas para el músculo emocional*: algunos padres tienen los músculos emocionales un poco flojos, porque no tuvieron a

nadie que los obligara a ejercitarlos o porque sufrieron mucho y de tanto uso se les quedaron flojos. Estos padres se desbordan cuando su hijo la pasa mal, sufre por algún problema, se enfrenta a alguna situación difícil y lo ven angustiado, nervioso o llorando. No pueden con atestiguar el sufrimiento de sus hijos y se ponen a llorar o se marchan lo más lejos que pueden, diciendo tras de sí: "Es que no puedo verte pasarla mal". Con estas vitaminas, esos padres ven reforzados sus músculos emocionales y cuando ven a su hijo mal, afectado emocionalmente, se mantienen a su lado, lo consuelan, lo calman y le ayudan a pensar en alternativas para solucionar o enfrentar su problema.

18. *Pódium sin escalón de número 1, sino con un único gran escalón*: algunos padres piensan o necesitan pensar, para ocultar sus complejos y frustraciones sobre lo que no llegaron a ser o conseguir, que lo saben todo y que son los que más inteligentemente opinan siempre sobre los temas de los que se hable. Ese tipo de padres puede devaluar o ridiculizar lo que sus hijos opinan o saben sobre un tema. Para esos padres está este pódium, en el que situarlos una vez que se habla de un tema para que todos los componentes de la familia estén colocados en el mismo escalón y cada opinión sea igual de importante. Este pódium es ideal para padres que se creen más listos que nadie.

19. *Un no me digas más "Deja de llorar que no es para tanto"*: con frecuencia algunos padres consideran que sus hijos no tienen motivos fundados para llorar. Este "No me digas más" hará que los padres se den cuenta de que si su hijo llora es por algo, porque le sucede algo a nivel emocional que lo desborda y para lo que necesita su ayuda como madre o padre.

20. *Un emodiccionario de bolsillo*: algunos padres pronuncian demasiadas veces las dichosas frases "Qué carajos te pasa", "Qué demonios te pasa". Con este diccionario que los padres llevarán en el bolsillo no sucedería esto, rápidamente podrían poner palabras a las emociones que están sacudiendo a sus hijos y con ellas, como por arte de magia, el grado de malestar de sus hijos bajará hasta un nivel manejable.

21. *Un nivel que ajusta el punto de vista de los adultos al de los niños*: a veces los adultos pretendemos igualar el punto de vista y ritmo de los niños a los de los adultos. Como un obrero que, al revestir el suelo de una casa, pretende dejar todas las baldosas al mismo nivel. El punto de vista y el ritmo de los niños no puede ser el mismo del de los adultos, y nos toca a los adultos ajustarnos a los suyos, ya que ellos no pueden. Este nivel consigue que hagamos esto sin esfuerzo, que nos ajustemos a los niños y niñas que son nuestros hijos.

Éstos son todos los objetos. Elige ahora, de entre los 21 que mostramos, los dos objetos que le regalarías a tu madre y los dos que le regalarías a tu padre el día de tu nacimiento. Recuerda que tienes que elegir aquellos que, de haber tenido tus padres, hubieran hecho tu infancia o adolescencia más feliz y tu desarrollo mucho más fácil o mejor.

Ahora que ya has escogido los regalos para tus padres, vamos a pedirte una segunda reflexión; podemos jugar un poco más.

Te vamos a pedir que pienses en qué objeto tuviste que crear de niño, durante tu infancia, para contrarrestar el que tus padres necesitaran los objetos que decidiste regalarles en la primera reflexión.

Por ejemplo, puede que si mis padres necesitaron un "Ándale *ma non tropo*" yo haya tenido que desarrollar una "Máquina antitranquilidad". Esta máquina se encarga de detectar cuando me estoy tomando un ratito para descansar, para parar, para no estar realizando ninguna tarea de la casa, del trabajo, etcétera, y una vez que ha detectado que estoy en ese estado de "inactividad", hace que empiece a sentir fuertes picores en las manos y en los pies que me llevan automáticamente a dejar de descansar y a volver a la actividad.

Te pedimos que ahora pienses en ti y en esos objetos que tuviste que crear para estar mejor en tu infancia, teniendo en cuenta los objetos que hubieran necesitado tu padre y tu madre.

¿Los tienes?

Muy bien. Pues te proponemos la tercera y última reflexión de este libro.

Valora las dos cuestiones siguientes:

- ¿Qué impacto ha podido tener en la crianza que has desarrollado con tus hijos el que tus padres no tuvieran los objetos que decidiste regalarles?
- ¿Qué impacto ha podido tener en la crianza que has desarrollado con tus hijos el que hayas tenido que desarrollar ese objeto compensatorio ante las carencias de tus progenitores?

Te pedimos que pienses sobre estas dos cuestiones a la luz de la información que se ha ofrecido en este capítulo sobre las estrategias para favorecer el desarrollo emocional de nuestros hijos. Por ejemplo, piensa en cuáles de las estrategias te ha podido ser más difícil llevar a cabo por el hecho de que tus padres no tuvieran un silenciador de gritos innecesarios.

Y para los que quieran aún trabajar y pensar un poquito más en su rol de padres, va una última pregunta.

Imaginen que sus hijos son ya adultos. ¿Qué objetos no les gustaría para nada que ellos eligieran para ustedes si les pidiéramos en ese momento futuro hacer este mismo ejercicio? Es decir, ¿qué objetos no querrían que ellos pensaran que hubieras necesitado para criarlos mejor?

Agradecimientos

Este libro no sería el mismo si no fuera por dos de los profesionales que no sólo considero mis maestros sino que cambiaron, ya hace unos cuantos años, la manera de entender a los niños, los pacientes y la vida. Gracias a Begoña Aznárez y a José Luis Marín, por todos sus conocimientos aportados a lo largo de este tiempo y por su cariño y confianza infinitos.

También me gustaría agradecer a mi compañera Olga Barroso por su cercanía, humildad y cuanto me ha permitido aprender sobre apego desde que la conozco. Ha sido un verdadero placer haber compartido este proyecto junto a ella.

Gracias a mi mujer, Patricia, y a mis hijos Arantxa y Nacho, por su mirada incondicional.

Rafael Guerrero

Este libro ha sido posible gracias a la ilusión por la psicología y a la inmensa capacidad de mi compañero Rafael Guerrero para extender los buenos tratos a la infancia. Él me ofreció crear un cuento para cada uno de los capítulos de la obra y, así, acercar los conceptos teóricos más importantes sobre educación emocional a padres, madres, profesionales de la educación y personas interesadas en cuidar mejor a niños y niñas. Sin esta petición nunca hubieran existido los neuroduendes, MurbeM, el desván de los recuerdos, la emocicleta, la tripulación cerebral compuesta por un camaleón, una musaraña y un delfín, y el resto de los personajes de los doce cuentos, en diez capítulos, del volumen. Gracias, Rafa, por permitirme crear fantasías para explicar realidades con las que curar heridas emocionales y mejorar el funcionamiento afectivo de las personas.

Gracias a mi pareja, Antonio, por cuidar de toda mi realidad para que yo pudiera pasar días y días creando el mundo fantástico de todos estos cuentos; por leer y releer los cuentos dándome increíbles ideas para mejorarlos; gracias porque sobran los motivos.

A mi hija Vega, porque, a sus cuatro años, ha sido una de mis primeras lectoras y, desde luego, la crítica literaria más eficaz para saber si la fantasía que iba creando tenía sentido.

A mi compañera y amiga Silvia Antón, cocreadora de nuestro centro de psicología Ikigai, por leer mis cuentos psicoterapéuticos con cariño, paciencia y sin tiempo; por animarme siempre a seguir escribiéndolos.

A mi amiga Bea Arizmendi, a mi hermano Gus y a mis padres, por ser apoyos incondicionales.

Y a Jorge Barudy y Maryorie Dantagnan por regalar su sabiduría.

OLGA BARROSO

Esta obra se imprimió y encuadernó
en el mes de agosto de 2019,
en los talleres de Impregráfica Digital, S.A. de C.V.,
Av. Coyoacán 100–D, Col. Del Valle Norte,
C.P. 03103, Benito Juárez, Ciudad de México.